C.H.BECK WISSEN

Als man am 28. Oktober 1893 den Trauergottesdienst für Peter Tschaikowsky in der Kasaner Kathedrale am Newsky-Prospekt zelebrierte, nahm ganz Russland Abschied von einem seiner größten Komponisten, dessen Musik bis heute weltweite Verbreitung erfahren hat und höchste Wertschätzung genießt. Mögen auch Einzelwerke wie seine Opern *Eugen Onegin* und *Pique Dame* oder wie seine Ballette *Der Nussknacker* und *Schwanensee* oder wie das Klavierkonzert Nr. 1 b-Moll in der öffentlichen Wahrnehmung aus seinem Œuvre herausragen, so darf doch sein gesamtes kompositorisches Schaffen zum überzeitlichen Schatz der Musikgeschichte gerechnet werden. Dorothea Redepenning entwirft in dieser kleinen Biographie ebenso kenntnisreich wie einfühlsam ein differenziertes Bild dieses an beruflichen Erfolgen wie an persönlicher Tragik so reichen Künstlerlebens und bietet zugleich Einblicke in Tschaikowskys kompositorische Verfahren sowie seine Ästhetik.

Dorothea Redepenning lehrt als Professorin für Musikwissenschaft an der Ruprecht-Karls-Universität Heidelberg. Sie ist durch einschlägige Publikationen vielfach als Spezialistin für russische Musikgeschichte ausgewiesen. So gehört seit langem die Musik Osteuropas, besonders Russlands, der Sowjetunion und der postsowjetischen Zeit zu ihren Forschungsschwerpunkten.

Dorothea Redepenning

PETER TSCHAIKOWSKY

Verlag C.H.Beck

Originalausgabe

Satz, Druck und Bindung: Druckerei C.H.Beck, Nördlingen
Reihengestaltung: Uwe Göbel, München
Umschlagabbildung: Peter Tschaikowsky, Ölgemälde von Nikolai Dimitrijewitsch Kusnezow, 1893, Staatliche Tretjakow-Galerie, Moskau; eigenhändige Unterschrift Tschaikowskys,

Printed in Germany
ISBN 978 3 406 68810 2

www.chbeck.de

Inhalt

Vorwort

Pjotr Tschaikowsky (1840–1893), der berühmteste unter den russischen Komponisten, nimmt in vielerlei Hinsicht eine Sonderstellung ein. Er war der erste, der im eigenen Land ein reguläres Kompositionsstudium abschließen konnte, der sich als professioneller Komponist verstand und dem es gelang, eine internationale Karriere aufzubauen. Als einziger unter den Russen und untypisch für westeuropäische Komponisten seiner Generation schrieb er für alle musikalischen Gattungen: Opern, Ballette, Symphonien, Solokonzerte, Kammermusik, Chorwerke, Kirchenmusik, Schauspielmusiken, Lieder – darin kam ihm allenfalls Antonín Dvořák gleich. Die vielen anderen – Wagner, Verdi, Berlioz, Liszt, Schumann, Brahms, Mahler, Strauss und Tschaikowskys russische Kollegen – spezialisierten sich auf Oper oder Instrumentalmusik und ignorierten einzelne Gattungen.

Als Hochschullehrer prägte er Generationen von Musikern und Komponisten. Auch nach seinem Ausscheiden aus dem Dienst nahm er maßgeblichen Einfluss auf das Musikleben in Russland, und er suchte – nicht untypisch für Künstler seiner Zeit – die Nähe zur politischen Macht. Der Staat dankte es ihm mit lukrativen Aufträgen und einer lebenslangen Pension. Die Differenzen zu den Petersburger Komponisten, die das populäre Schrifttum immer wieder als Opposition zwischen westlicher und national-russischer Ausrichtung herausstellt, bestanden eher auf der Ebene handwerklicher Ideale und ästhetischer Überzeugungen.

Tschaikowskys Vita hat von jeher zu romanhaften Ausschmückungen aller Art Anlass gegeben, vor allem wegen seiner Homosexualität, die durch das Desaster seiner Eheschließung zu einem offenen Geheimnis wurde. Die Gerüchte um einen Suizidversuch nach dem Scheitern der Ehe und die Hypothese, sein Tod sei ein Freitod gewesen, hat die musikwissenschaftliche Forschung inzwischen widerlegt.

Tschaikowsky muss ein ausgesprochen freundlicher, umgänglicher, aber auch hoch sensibler Mensch gewesen sein, als Tagebuchschreiber kritisch und ehrlich mit sich selbst, als Briefpartner geistreich und humorvoll, auch intellektuell und belesen und ständig von Zweifeln am künstlerischen Wert seiner Werke geplagt, so dass es nicht immer zu entscheiden ist, ob er kokettiert oder im Ernst spricht. Seine Empfindlichkeit und Verletzlichkeit finden in seiner Musik insofern eine Entsprechung, als eine angespannte Emotionalität, ja Pathos und Dramatik, gepaart mit einer außerordentlichen Kantabilität der Melodieführung nahezu alle Werke charakterisieren. Aus diesem Grund konnte seine Musik auch über gesellschaftliche und kulturelle Grenzen hinweg internationale Popularität erlangen; einer elitären Auffassung gilt sie deshalb jedoch als sentimental oder gar kitschig.

Nimmt man sein gesamtes Œuvre in den Blick, dann bestätigt sich, dass Tschaikowsky eine eigenständige, unverwechselbare künstlerische Position vertritt, die ihre ästhetische Überzeugungskraft unabhängig sowohl von deutschem Gelehrtentum als auch von national-russischen Idiomen behauptet.

Opuszählung hat Tschaikowsky unregelmäßig betrieben; sein Freund und Verleger Pjotr Jurgenson hat die Werke posthum geordnet und Opuszahlen ergänzt. Inzwischen gibt es auch Zählungen nach dem *Tchaikovsky Handbook* und einem thematisch-bibliographischen Verzeichnis, das von den Mitarbeiterinnen und Mitarbeitern des Tschaikowsky-Museums in Klin zusammengestellt wurde. Die Internationale Tschaikowsky-Pflege basiert vor allem auf Arbeiten russischsprachiger und englischsprachiger Forscher. Die deutschsprachige Tschaikowsky-Forschung hat ihren Sitz an der Universität Tübingen und gibt seit 1993 die Reihe Čajkovskij-Studien heraus. Hinzu kommen nationale und internationale Tschaikowsky-Gesellschaften. Die englischsprachige Internetseite *Tchaikovsky Research* stellt das Material des *Tchaikovsky Handbook* bereit, das hier permanent aktualisiert wird.

Im russischen Reich galt bis 1918 der julianische Kalender, der dem gregorianischen im 19. Jahrhundert um 12 Tage nachläuft. Daten werden im für Tschaikowsky geltenden julianischen Kalender angegeben, auf das Ausland bezogene Daten gemäß dem gregorianischen Kalender.

I. 1840–1865

Herkunft – Familie – Jugend

Pjotr Iljitsch Tschaikowsky – Pëtr Il'ič Čajkovskij – wurde am 25.4.1840 in Wotkinsk im Gouvernement Wjatka (heute Udmurtia) geboren. Die Stadt liegt südwestlich des Ural und etwa 1200 Kilometer östlich von Moskau. Sie beherbergt seit 1759 eine von Zarin Elisabeth gegründete Metall verarbeitende Fabrik, die damals Werkteile und Maschinen für den Schiffs- und beginnenden Eisenbahnbau herstellte und bis in die Gegenwart existiert, aktuell als Zulieferbetrieb für die Öl-, Gas- und auch Nuklearindustrie. 1837 wurde Ilja Tschaikowsky (1795–1880) als Oberst des Korps der Bergingenieure die Gesamtleitung der Industrieregion Kamsko-Wotkinsk und damit auch die Aufsicht über diese Fabrik übertragen.

In den gut zehn Jahren, die er dort wirkte, wurden ihm vier Kinder geboren: der älteste Sohn Nikolaj (1838–1911), genannt «Kolja», der im Eisenbahnbau Karriere machte und sich später um den Nachlass seines komponierenden Bruders kümmerte, sodann der Komponist Pjotr, ferner die Tochter Alexandra (1841–1891) – «Sascha» –, verheiratete Dawydowa, und schließlich der Sohn Ippolit (1843–1927), der eine Laufbahn bei der Marine einschlug und ab 1919 das Museum in Klin leitete. Die Zwillinge Anatolij (1850–1915) und Modest (1850–1916) kamen in Alapajewsk im östlichen Ural zur Welt, wohin die Familie 1849 übersiedelte. Mit Anatolij – «Tolja» –, aus dem ein hoch angesehener Jurist wurde, hielt der Komponist zeitlebens engen Briefkontakt. Modest – «Modja» – absolvierte gleichfalls eine Juristenausbildung und war später als Dramatiker und Librettist, nicht nur für den Bruder, vor allem aber als Übersetzer, etwa von Werken Corneilles und Shakespeares, aber auch von russischer Literatur in westeuropäische Sprachen tätig. Er gehört zu den Gründern des Tschaikowsky-Museums in Klin und ist Autor der ersten großen Tschaikowsky-Biographie.

Die Ursprünge der Familie des Vaters liegen in der Ukraine. Dessen Großvater Fjodor Tschaika war ein Kosake, der sich unter Peter dem Großen in der Schlacht bei Poltawa auszeichnete. Sein zweiter Sohn, Pjotr Fjodorowitsch Tschaikowsky, aus dem Gebiet Poltawa gebürtig und später als Bürgermeister der Stadt Glasow im Gouvernement Wjatka tätig, stilisierte den Tiernamen Tschaika – Čajka (Möwe) – in den russisch klingenden Nachnamen Tschaikowsky. Sein sechstes Kind, Ilja, wurde Vater des Komponisten. Wohl durch diesen Pjotr Tschaikowsky hatte die Familie einen starken Bezug zur Gegend von Wjatka, so dass Ilja Tschaikowsky gern bereit war, dort einen Führungsposten zu übernehmen.

Alexandra Andrejewna, geborene d'Acier (1813–1854), die Mutter seiner sechs Kinder, war Ilja Tschaikowskys zweite Frau. Seine erste Frau war 1831 gestorben, aus der Ehe mit ihr brachte er die Tochter Sinaida mit in die Familie. Alexandra d'Acier war die Enkelin des Bildhauers Michel Victor Acier, des berühmten Meißener Porzellanmodelleurs. Ihr Vater André d'Acier war als Lehrer für französische und deutsche Sprache nach Russland gegangen und hatte 1800 die russische Staatsbürgerschaft angenommen.

Ilja Tschaikowsky und Alexandra Tschaikowskaja ließen ihren Kindern eine auch nach westeuropäischen Maßstäben gutbürgerliche Erziehung angedeihen, zu der eine französische Gouvernante und vor allem Musik gehörten. Die Mutter spielte Klavier und sang, im Haus befand sich eine kleine mechanische Orgel, die populäre Opernmelodien, auch aus Mozarts *Don Giovanni* – dem später von Tschaikowsky als geradezu heilig verehrten Opus –, spielen konnte. Selbstverständlich gab es Musikunterricht für die Kinder, unter denen sich Pjotr als besonders talentierter Pianist erwies. Die Lebensperspektive für die Tochter war eine standesgemäße Ehe – Alexandras Mann, Lew Dawydow, war Gutsverwalter der Familiengüter in Kamenka und Werbowka, auf denen der Komponist später regelmäßig zu Gast war; die Söhne erhielten Ausbildungen in den standesgemäßen Tätigkeitsfeldern Bergbau, Marine und Jura.

Auch Pjotr wurde zum Juristen bestimmt. 1850 trat er als Internatsschüler in die hoch angesehene kaiserliche Juristenschule in Petersburg ein, die Söhne aus dem niederen und mittleren Adel auf Karrieren im Staatsdienst vorbereitete. Tschaikowsky schloss diese Ausbildung im Mai 1859 ab; einen Monat später nahm er den Dienst als Referendar im Justizministerium auf. Berufsbildende Schulen vermittelten üblicherweise fachliche Qualifikation und Allgemeinbildung parallel; daher war ein früher Schuleintritt üblich. Das Jahrzehnt der Reifung vom Knaben zum jungen Mann war geprägt von einschneidenden Ereignissen. Das furchtbarste war der überraschende Cholera-Tod der Mutter, den der Vierzehnjährige als zutiefst traumatisch erlebt und zeitlebens im Gedächtnis bewahrt haben muss. Noch 1889 findet sich am 13.6. der Tagebuchvermerk: «Sterbetag meiner Mutter vor 35 Jahren.»

In den Lehr- und Studienjahren trat die Musik immer mehr in den Vordergrund, sowohl Klavierspiel, Klavierstudien und Gesangsunterricht als auch erste Kompositionen. In einer autobiographischen Skizze, die er 1889 für eine deutschsprachige Zeitschrift verfasste, sagt Tschaikowsky, sein deutscher Klavierlehrer habe ihn nicht nur an symphonische Musik, sondern auch an Mozarts *Don Giovanni* herangeführt; sein italienischer Gesangslehrer dagegen habe ihm Komponisten wie Rossini, Bellini und Donizetti nahegebracht. «Bis zum heutigen Tage spüre ich ein gewisses Wohlbehagen, wenn die reichverzierten Arien, Cavatinen, Duette eines Rossini mit ihren Rouladen ertönen, und gewisse Melodien Bellinis kann ich nie hören, ohne dass mir die Tränen in die Augen kommen.» Auch wenn sich der zu dieser Zeit bereits weltberühmte Komponist vor seinen deutschen Lesern für italienische Vorlieben quasi entschuldigt, wird doch deutlich, dass der Schüler Tschaikowsky Musik noch als Hobby, nicht als Beruf betrachtete. Vor allem wirft die Skizze ein Licht auf die Tatsache, dass Musikunterricht in der Mitte des 19. Jahrhunderts in Russland noch eine Angelegenheit privater Initiative war und dass die Lehrer üblicherweise aus dem Ausland kamen. Die systematische Professionalisierung der Musikerausbildung in Russland setzte zu der Zeit ein, als Tschaikowsky die Rechtsschule besuchte.

Im Jahrzehnt seiner Jura-Ausbildung wird auch erstmals Tschaikowskys homosexuelle Entwicklung erkennbar. Internat und Monoedukation werden seinen homoerotischen Neigungen förderlich gewesen sein. Auch weiß man, dass dieser Erziehungstyp jugendliche Gewaltexzesse begünstigt – Robert Musil hat das in seinem Roman *Die Verwirrungen des Zöglings Törleß* thematisiert und zugleich sublimiert. Was der junge Tschaikowsky im Internat erlebt haben mag, ist unbekannt. Aus der Manuskript gebliebenen Autobiographie Modest Tschaikowskys, der gleichfalls homosexuell war, weiß man dank Alexander Poznanskys Recherchen, dass der junge Tschaikowsky durch die Begegnung mit einem Knaben namens Sergej Kirejew eine Art erotisches und künstlerisches Erweckungserlebnis gehabt haben muss. Es ist gut möglich, dass er seinem Bruder offen von dieser Sache berichtet hat, als die beiden 1867 Hapsal (Haapsalu), einen Kurort an der estnischen Küste, besuchten, was in dem kleinen Klavierzyklus *Souvenir de Hapsal* (Op. 2) Niederschlag fand.

Aus Modest Tschaikowskys wie auch immer stilisiertem Bericht wird deutlich, dass der Knabe nicht nur die erotischen Gefühle seines Bruders weckte, sondern so etwas wie eine metaphysische Erschütterung auslöste, die in dem emotional empfänglichen jungen Tschaikowsky künstlerische Inspiration und Affektion freisetzte. Die Knabengestalt fungiert als eine Muse, die verklärt wird und als Triebfeder für künstlerisches Schaffen dient. Von 1857/58 datiert die Vertonung eines kurzen Gedichts von Afanassij Fet, das aus dessen Zyklus *An Ophelia* (1842) stammt. Tschaikowsky muss es in der 1856 erschienenen revidierten Ausgabe entdeckt und darin ein Echo auf seine emotionale Verfassung gespürt haben. Es ist ein Liebesgedicht, das Hamlet an die tote Ophelia richtet. Der Text lautet in Prosaübersetzung:

> Ist es nicht hier, dass du wie ein leichter Schatten, mein Genius, mein Engel, mein Freund, still mit mir sprichst und leise umherfliegst? Und du gibst schüchterne Begeisterung, und heilst die süße Krankheit, und gibst stille Traumbilder, mein Genius, mein Engel, mein Freund …

«Mein Freund» richtet sich im Russischen sowohl an einen Mann als auch an eine Frau. Tschaikowsky wählt den wiederkehrenden Vers «mein Genius, mein Engel, mein Freund» als Titel und wiederholt die Worte am Schluss noch ein weiteres Mal. Es ist ein sehr schlichtes Lied in c-Moll, der Tonart, die der junge Tschaikowsky aus der populären Beethoven-Rezeption als tragische Tonart begriffen haben mag. Zu den monotonen Akkordrepetitionen, in denen man den noch unerfahrenen Komponisten oder eine musikalische Ausdeutung der desolaten Verfassung des Autors und seines lyrischen Ichs erblicken kann, tritt eine ausdrucksvolle und in ihrer Schlichtheit edle Melodie. Der Widmungsträger ist durch 13 Punkte repräsentiert, aus denen sich Sergej Kirejew erschließt, wenn man den Namen in der für die Widmung notwendigen Dativform aus dem Russischen transliteriert: Sergeju Kireevu («ju» ist ein Zeichen). – Dieses Lied wurde erst 1940 im Rahmen der Gesamtausgabe veröffentlicht.

Studium

Mit dem Dienstantritt im Mai 1859 im Justizministerium begann Tschaikowsky ein Leben, in dem nichts auf eine professionelle Komponistenlaufbahn hindeutete. Er gab Geld für Vergnügungen aller Art aus, auch für Opern-, Theater- und Konzertbesuche. Mit einem Familienfreund bereiste er 1861 die westeuropäischen Metropolen und suchte erotische Abenteuer, bis ihn die Gefahr eines Skandals wegen Homosexualität vorsichtig werden ließ. Davon weiß man aus Modest Tschaikowskys autobiographischen Aufzeichnungen; Poznansky vermutet, dass diese Erfahrung die für den späteren Komponisten so typische Menschenscheu, ja Sozialphobie initiiert hat. Zu Tschaikowskys Gesellschaft in dieser Lebensphase gehörte der Dichter Alexej Apuchtin, der gleichfalls 1859 die Rechtsschule absolviert hatte und in den Staatsdienst eingetreten war. Die beiden Künstler, von ihren homoerotischen Neigungen wissend und sich respektierend, bewahrten ihre Freundschaft zeitlebens, obwohl ihre ästhetischen Anschauungen und ihre Arbeitsmoral differierten. Während Apuchtin sein Leben schleifen ließ, entwickelte Tschaikowsky eine eiserne Arbeitsdisziplin. Als Apuchtin später von Tschaikowskys verunglücktem Eheversuch erfuhr, tröstete er ihn. Die Gerüchte würden vergehen, eines Tages werde ganz Russland stolz auf ihn sein; und er schickte ihm ein langes Gedicht, das an die gemeinsamen Studienzeiten erinnerte.

Tschaikowskys Hinwendung zur Musik wurde möglich durch die Veränderungen in der Musikerausbildung, die Ende der 1850er Jahre einsetzten. Initiator dieses Prozesses war Anton Rubinstein, den seine Studien im Ausland davon überzeugt hatten, dass die professionelle Musikausbildung in Russland im Vergleich zu Westeuropa rückständig sei. Als Großherzogin Elena Pawlowna (geboren als Charlotte von Württemberg) ihn 1852 als ihren persönlichen Klavierbegleiter engagierte, muss er bei ihr mit seinen Reformideen auf offene Ohren gestoßen sein; denn sie selbst hatte die Idee zu einem Konservatorium schon 1844 gegenüber Robert Schumann geäußert, als er und seine Frau Clara in Russland gastierten. Ziel war es, die Musikerausbildung zu institutionalisieren und den Berufsmusiker – Instrumentalisten, Sänger, Dirigenten, Komponisten – zu einem anerkannten und angemessen bezahlten Berufsstand zu machen. Der erste Schritt in diese Richtung war die Gründung einer Russischen Musikgesellschaft, die für die Musikkultur in ganz Russland zuständig sein sollte und im November 1859 mit einem ersten Konzert unter Rubinsteins Leitung an die Öffentlichkeit trat. Mit der als neu empfundenen Programmgestaltung machte man deutlich, dass neben den im Konzertleben und auf den Opernbühnen längst etablierten Werken westeuropäischer Komponisten immer auch Werke russischer Komponisten zu Gehör kommen würden. So sollte allmählich eine Gleichberechtigung von nationaler und internationaler Musik erreicht werden. Nach und nach baute die Gesellschaft Abteilungen in anderen Städten auf (Moskau 1860, Kiew 1861, Kasan 1864 usw.). 1869 übernahm die Zarenfamilie die Schirmherrschaft, von da an trug die Gesellschaft den Zusatz «Kaiserlich» im Namen. Mit den Einnahmen aus den Konzerten finanzierte man einen Teil der Kosten für Musikkurse, die die Gesellschaft im

Frühjahr 1860 einrichtete. Aus diesen Kursen ging das Petersburger Konservatorium hervor, das am 8.9.1862 eröffnet wurde und dessen Leitung Rubinstein übernahm. In den Satzungen schrieb man fest, dass den Absolventen der Titel «Freier Künstler» verliehen wird. Damit orientierte man sich an der Kaiserlichen Russischen Kunstakademie, die seit Mitte des 18. Jahrhunderts existierte und deren Absolventen geachtete Mitglieder der Gesellschaft waren. Rubinstein stellte also sicher, dass die Absolventen des Konservatoriums denen der Kunstakademie in ihrem sozialen Status gleichgestellt wurden. Unter dieser Voraussetzung fiel es Tschaikowskys Familie leichter, seinen Wechsel zur Musik zu akzeptieren.

Der Schritt, die Musik zum Beruf zu machen, bahnte sich langsam an, wie aus Briefen an die Familie hervorgeht. Nach seiner Rückkehr von der großen Auslandsreise berichtete Tschaikowsky der Schwester im Oktober 1861, ihm zerrinne das Geld wegen seiner Vergnügungssucht zwischen den Fingern und fügte im Postskriptum wie eine Nebensache hinzu, dass er mit Generalbass-Studien begonnen habe. Das heißt, er nutzte das Angebot der neu gegründeten Russischen Musikgesellschaft. Im Dezember gab er – wiederum gegenüber der Schwester – zu, dass er wegen seiner Musikstudien eine neue und bessere Stellung in der Provinz ausschlagen werde. Im September 1862 gestand er, das Studium am Konservatorium aufgenommen zu haben. «Ob aus mir ein berühmter Komponist oder ein armer Musiklehrer herauskommen wird, ist gleichgültig. […] Meine Stellung werde ich freilich solang nicht aufgeben, bis ich die Versicherung erlange, dass ich kein Beamter, sondern ein Künstler bin.»

Die sichere Anstellung war Tschaikowsky auch deshalb wichtig, weil sein Vater, der ihn bis dahin zusätzlich unterstützt hatte, seine Position hatte aufgeben und sich infolge eines verlorenen Rechtsstreits hatte verschulden müssen. Diese Situation und die Anforderungen des Musikstudiums machten dem leichtfertigen Lebenswandel ein Ende. Im April 1863 entschloss sich Tschaikowsky, den Dienst im Ministerium endgültig zu quittieren, und legte seiner Schwester, die das skeptisch beurteilte, seine Gründe dar. Erstens dürfe er seine «von Gott verliehene Gabe nicht ungepflegt und unentwickelt lassen», zweitens sei das Musikstudium so zeitaufwendig geworden, dass es mit dem Dienst nicht mehr zu vereinbaren sei, drittens hoffe er durch eine Hilfskraftstelle am Konservatorium und durch Klavierunterricht seinen Unterhalt sichern zu können. Dafür wolle er «jetzt vollständig jeglichen Amüsements und Liebhabereien» entsagen. Modest Tschaikowsky hat sicher Recht, wenn er sagt, sein Bruder habe der Musik seine ungeliebte Stelle und vor allem sein Lotterleben geopfert, die Musik habe ihn zu einem verantwortungsbewussten Menschen gemacht.

Tschaikowskys wichtigste Lehrer am Konservatorium waren Anton Rubinstein für die Fächer Orchestrierung und Komposition, sowie Nikolaj Zaremba, bei dem er schon die Kurse der Russischen Musikgesellschaft für Harmonielehre, Formenlehre und Kontrapunkt besucht hatte. Zaremba, gleichfalls von Haus aus Jurist, hatte in Berlin Theorie und Komposition studiert. Er war der erste, der im Unterricht russische anstelle der bis dahin üblichen deutschen Terminologie benutzte. Man weiß, dass Tschaikowsky ihn als Theoretiker schätzte, Zarembas Musikanschauung, der zufolge es nichts Moderneres als den späten Beethoven und Mendelssohn gebe, aber nicht teilte. Rubinstein hingegen, acht Jahre jünger als Zaremba und ein international renommierter Pianist und Komponist, war für ihn ein Vorbild, dem er nacheifern wollte. Gleichfalls im ersten Studienjahr trat Hermann Laroche, damals 17-jährig, ins Konservatorium ein; zwischen ihm, dem späteren Kritiker und Musikschriftsteller, und Tschaikowsky entwickelte sich eine lebenslange Freundschaft.

Bei Studienbeginn war Tschaikowsky 22 Jahre alt und damit deutlich älter als seine Kommilitonen. Das mag ihn umso mehr zu harter Arbeit angespornt haben. Er schrieb Klavierstücke, Chorsätze, kleine Orchesterstücke, Ouvertüren und orchestrierte Werke anderer Komponisten, darunter das *Menuetto capriccioso* aus Carl Maria von Webers zweiter Klaviersonate, Beethovens *Kreutzer-Sonate* und Schumanns *Symphonische Studien*. Allein aus dem Studienjahr 1863/64 haben sich 14

Werke erhalten, einzelne Sätze für verschiedene Kammermusikbesetzungen, vor allem für Streichquartett, für Klavier und Streicher, für Bläserensembles und für kleines Orchester. Man kann vermuten, dass dies nur ein Bruchteil dessen ist, was er als Student zu Papier brachte. Nur wenige Werke aus Studienzeiten sind auf die Nachwelt gekommen, darunter ein *Impromptu* für Klavier, das sein Verleger Pjotr Jurgenson 1868 zusammen mit dem *Scherzo à la russe* als Op. 1 veröffentlichte, und eine Ouvertüre zu Alexander Ostrowskys 1864 erschienenem Drama *Das Gewitter* (von Janáček im 20. Jahrhundert als *Katja Kabanowa* vertont) als erstes groß besetztes Orchesterwerk. Die Ouvertüre stieß jedoch bei Rubinstein auf Missbilligung und wurde später von Jurgenson unter Op. 64 eingereiht. Es folgten ferner eine große Klaviersonate in cis-Moll, von Jurgenson posthum als Op. 80 veröffentlicht, und eine Ouvertüre in F-Dur, mit der sich Tschaikowsky Ende 1865 als Dirigent präsentierte und die in der späteren Überarbeitung mehrfach aufgeführt wurde. Eine kleine Orchestersuite mit dem Titel *Charakteristische Tänze* hat Johann Strauss jun. im Sommer 1865 bei einem Freiluftkonzert im Park von Pawlowsk, der Sommerresidenz der Zarenfamilie, dirigiert. Die Partitur der Tänze gilt als verloren. Eine weitere studentische Arbeit ist die Übersetzung von François-Auguste Gevaerts großer Instrumentationslehre (*Traité général d'instrumentation*, 1863) ins Russische, die Tschaikowsky 1865 im Auftrag von Anton Rubinstein besorgte.

Als Examenswerk bestimmte der Professorenrat des Konservatoriums eine Vertonung von Friedrich Schillers Ode *An die Freude*, die 1843 in einer russischen Übersetzung erschienen war. Das sechssätzige Opus für Soli, Chor und großes Orchester wurde am 29.12.1865 bei einem Konzert vor der Staatlichen Prüfungskommission und geladenen Gästen aufgeführt. Zu Tschaikowskys Lebzeiten gab es keine weiteren Aufführungen. Als Jurgenson 1890 die Veröffentlichung dieser Kantate plante, entgegnete Tschaikowsky, sie sei «ein Jugendwerk ohne Zukunft. […] Es ziemt sich nicht, mit Beethoven zu rivalisieren.» Am Tag des Examens wurde ihm sein Zeugnis nicht ausgehändigt, da Rubinstein zuvor Korrekturen an dem Werk verlangt haben soll. Die erhaltene Kopie des Diploms ist auf den 30.3.1870 datiert und besagt, dass Tschaikowsky am 31.12.1865 mit dem Titel «Freier Künstler» und einer Silbermedaille ausgezeichnet wurde, und zwar für folgende Ergebnisse: Theorie der Komposition und Instrumentation «exzellent», Orgelspiel (das er im Studium gelernt hatte) «gut», Klavierspiel «sehr gut», Dirigieren «befriedigend». Aus Tschaikowskys Tagebüchern weiß man, wie schwer es ihm fiel, seine Schüchternheit zu überwinden und als Dirigent vor ein Orchester zu treten. Viel später, als es sich nicht mehr vermeiden ließ, trainierte er systematisch, um seiner Nervosität Herr zu werden.

Die junge russische Schule

Die Idee, als Kompositionsexamen eine Kantate auf einen klassischen westeuropäischen Text zu verlangen, mutet seltsam akademisch an und lässt darauf schließen, dass man sich damit an den Gepflogenheiten der Kunstakademie orientierte. Gegen solchen Akademismus machte seit Anfang der 1860er Jahre eine Komponistengruppe Front, die unter dem Namen «Mächtiges Häuflein» in die Geschichte eingegangen ist. Um Milij Balakirew, der Michail Glinka noch persönlich hatte kennenlernen können, bildete sich seit Mitte der 1850er Jahre ein Kreis junger Komponisten, dem César Cui, Modest Mussorgsky, Alexander Borodin und Nikolaj Rimsky-Korsakow angehörten. Drei von ihnen kamen, nicht anders als Tschaikowsky, aus bürgerlichen Berufen, in denen Cui als Festungsarchitekt und Borodin als Chemiker sogar Karriere machten. Rimsky-Korsakow war Student des Petersburger Seekadettenkorps, Mussorgsky Mitglied der zaristischen Leibgarde, als sie sich Balakirew anschlossen. So war Balakirew der einzige professionelle Musiker in dem Kreis und wurde deshalb als Lehrer anerkannt.

Getragen von national-emanzipatorischen Ideen strebte man danach, eine genuin russische Musiksprache zu entwickeln und dabei allen Akademismus zu vermeiden. Man plädierte also dafür, auf propädeutische Übungen aller Art weitgehend zu verzichten und stattdessen von vornherein große Werke zu konzipieren, wobei man sich an mustergültigen Beispielen orientierte, institutionalisierte Ausbildung aber ablehnte. Prominenter Fürsprecher der revoltierenden Künstler war Vladimir Stassow, ein hochgebildeter und polyglotter Kunstkritiker, auch er von Haus aus Jurist, der nach ausgedehnten Reisen durch Westeuropa den Aufbau der Kunstabteilung der Petersburger Öffentlichen Bibliothek leitete. Stassow war fast eine Generation älter als die Komponisten um Balakirew, die ihn als ästhetischen Mentor und Ideengeber akzeptierten. Im Laufe des 19. Jahrhunderts stieg er zur maßgeblichen Autorität für Kunst-, Musik- und Kulturgeschichte auf. Er kannte und förderte Künstler und Komponisten, indem er Sujets, Szenarien, Libretti entwarf, indem er als Kritiker Partei für sie ergriff und indem er als Historiograph spätere Rezeptionslinien prägte. Stassow hielt zeitlebens an einem von nationalem Denken geprägten Kunstverständnis fest. Daraus erklären sich die Fehlurteile, die er später über Tschaikowskys Werke fällte.

Im Kreis der Petersburger Komponisten berief man sich, Stassow folgend, auf Glinka, insbesondere auf seine beiden Opern, *Das Leben für den Zaren* (1836) als historisches Sujet, das den Beginn der Romanow-Dynastie und das Ende der Polenherrschaft (die nach Boris Godunow unter dem «falschen» Dmitrij I. begann) auf die Bühne bringt, und *Ruslan und Ljudmila* (1842) als von Puschkin dramatisierten Märchenstoff, der dem Fantastischen breiten Raum gewährt. Glinkas Orchesterfantasien, vor allem *Kamarinskaja*, in der zwei russische Volkslieder – ein getragenes als langsame Einleitung und ein Tanzlied als virtuose Variationsreihe – verarbeitet werden, dienten als Vorbild für Orchesterwerke. Als weiteren Bezugspunkt deklarierte man Alexander Dargomyshskys Oper *Der Steinerne Gast*, weil hier Puschkins gleichnamige «kleine Tragödie» über den Don-Juan-Stoff ohne Änderungen als Libretto dient, also anspruchsvolle Literatur und Oper gleichberechtigt zusammengebracht sind. Auf Arien, Ensembles und Chöre – auf alles, was allein der Musik gehört – wird zugunsten eines gesanglichen Rezitativs verzichtet, das dem Text in allen Wortnuancen folgt. Dieses Konzept verstand man als Antwort auf Richard Wagner, der 1863 auf Einladung der Philharmonischen Gesellschaft in Petersburg und in Moskau gastierte und dessen Konzerten Balakirew und seine Adepten ebenso wie der Konservatoriumsstudent Tschaikowsky aufmerksam gelauscht hatten. Als Vorbilder im symphonischen Bereich betrachteten die Petersburger Hector Berlioz, Franz Liszt und Robert Schumann, deren Werke Modelle für programmatische Stoffe und musikalisch-poetische Konzeptionen boten. Zugleich distanzierte man sich mit allem Nachdruck von Alexander Serow, einem polyglotten Musikkritiker, der in der Presse lautstark als Wagners Fürsprecher auftrat und in den 1860er Jahren als Komponist der Opern *Judith* (biblisch), *Rogneda* (altslawisch) und *Des Feindes Macht* (russisch-volkstümlich) für Aufsehen sorgte.

Mitte der 1860er Jahre traten also sechs etwa gleichaltrige Komponisten an die Öffentlichkeit, fünf von ihnen als Gruppe mit einem starken Mentor, der ihre Ästhetik formte und in der Presse propagierte, und einer – Tschaikowsky –, der als Absolvent des Konservatoriums einen Weg eingeschlagen hatte, den der Kreis der anderen ablehnte, ja verachtete. Aus dieser Frontstellung, die sich aus den Umständen ergab, entwickelte sich eine Antithese, die die Komponisten in den nächsten Jahren vorsichtig überwanden. Die populäre Musikgeschichtsschreibung machte die Petersburger Fünf zur «russischen Schule» und bezeichnete Tschaikowsky – durchaus mit abwertendem Unterton – als «Westler», wobei diese Zuordnung nichts mit der gleichzeitigen Grundsatzdebatte zwischen «Westlern» und «Slawophilen» zu tun hat. Diese unterscheiden sich, idealtypisch zugespitzt, dadurch, dass die einen eine kulturelle und intellektuelle Ausrichtung auf Westeuropa anstrebten (mit Peter dem Großen als Ahnherrn), während die anderen Sinn und Ziel von Weltanschauung, Kunst und Kultur in der Abkehr von Westeuropa und der Konzentration auf das Russische erblickten, das nun erst zu definieren war. Die Komponisten standen zwischen beiden Extremen. Tschaikowsky, der selbstverständlich am Beispiel westeuropäischer Vorbilder lernte, sah sich als russischer Komponist, der nicht anders als die Petersburger ein russisches Idiom anstrebte.

II. 1866–1876

Konservatoriumsprofessor

Im Januar 1866 ging Tschaikowsky nach Moskau, um in der Dependance der Russischen Musikgesellschaft, die Nikolaj Rubinstein, der jüngere Bruder Anton Rubinsteins, dort ins Leben gerufen hatte, zu unterrichten. Aus der Dependance ging das Moskauer Konservatorium hervor, das am 1.9.1866 eröffnet wurde und heute Tschaikowskys Namen trägt. Nikolaj Rubinstein, der den Posten des Direktors übernahm, hatte für das Fach Theorie zunächst den damals 46-jährigen, als Musikkritiker und Opernkomponist ausgewiesenen Serow angefragt. Als dieser ablehnte, folgte Rubinstein der Empfehlung seines Bruders und berief den 26-jährigen Tschaikowsky, der bereit war, die Fächer Elementare und Spezielle Musiktheorie, Harmonielehre, Instrumentation und Freie Komposition zu übernehmen. Mit diesem Schritt vertiefte und verfestigte sich die Kluft, die ohnehin zwischen Tschaikowsky und den Petersburger Komponisten bestand, obwohl alle Glinka als ihre historische, künstlerische und nationale Bezugsperson anerkannten: Beim Festakt zur Eröffnung ließ Tschaikowsky es sich nicht nehmen, spontan die Ouvertüre zu *Ruslan und Ljudmila* auf dem Klavier zu spielen, müsse die erste Musik, die in dem neuen Haus erklingt, doch von Glinka, dem «Ahnvater» der russischen Musik, stammen.

Nikolaj Rubinstein bot dem jungen Kollegen an, zunächst bei ihm zu wohnen, und umsorgte ihn vielleicht mehr, als diesem lieb war: «Rubinstein pflegt mich, als wenn er meine Kinderfrau wäre», klagte Tschaikowsky gegenüber seinen Zwillingsbrüdern. Aber Rubinstein half ihm auch, im Moskauer Musikleben Fuß zu fassen, etwa indem er Kontakte zu Persönlichkeiten der Kultur und Gesellschaft herstellte und indem er die überarbeitete F-Dur-Ouvertüre im März 1866 aufführte. Auf das Konzert folgte ein Souper zu Ehren Tschaikowskys. Er berichtete seinen Brüdern vom jubelnden Beifall, mit dem er dort empfangen wurde. Er habe sich «sehr ungeschickt und errötend nach allen Seiten hin» verbeugt, ein Toast Rubinsteins habe neue Ovationen ausgelöst. Er erzähle davon, «weil das eigentlich doch mein erster öffentlicher Erfolg und daher für mich angenehm ist.» Neben dem Stolz, als Komponist angenommen zu sein, offenbart Tschaikowsky hier seine Schüchternheit, ja Verklemmtheit, die möglicherweise auch in seiner gesellschaftlich geächteten homosexuellen Orientierung wurzelte. Er hat zeitlebens und mit wachsendem Erfolg daran gearbeitet, diese Unsicherheit im öffentlichen Auftreten zu überwinden.

Die für seine berufliche Laufbahn wichtigste Begegnung war die mit Pjotr Jurgenson, der, vier Jahre älter als er selbst und aus Estland gebürtig, im Knabenalter nach Petersburg gekommen war, um hier das Verlags- und Notendruckerhandwerk zu erlernen. 1859 ging Jurgenson nach Moskau und konnte hier, auch dank der Unterstützung von Nikolaj Rubinstein, zwei Jahre später eine eigene Firma eröffnen und in der Folgezeit andere kleine Verlage aufkaufen, so dass sein Betrieb bis Ende des 19. Jahrhunderts zum führenden Verlagshaus in Russland wurde, das auch nach Westeuropa expandierte. 1867 wurde Jurgenson Tschaikowskys Verleger und förderte ihn mit Aufträgen verschiedenster Art, was diesem angesichts seines eher bescheidenen Gehalts ein willkommenes Zubrot war. Seine Übersetzung von Schumanns *Musikalischen Haus- und Lebensregeln für junge Musiker* (1849) erschien 1869 bei Jurgenson in einer synoptischen zweisprachigen Ausgabe. Außerdem übertrug er für Jurgenson Schumanns ausführliches Vorwort zu den *Studien für das Pianoforte nach Capricen von Paganini* (1832) ins Russische, das 1869 erschien. Des Weiteren übersetzte er, offenbar auch im Auftrag von Jurgenson, Johann Christian Lobes *Katechismus der Musik. Erläuterung der Begriffe und Grundsätze der allgemeinen Musiklehre* (1851); der Band erschien 1870 und erlebte mehrere Auflagen in Russland.

Konkrete Resultate der Lehrtätigkeit Tschaikowskys sind zwei Lehrbücher. Das *Handbuch zum praktischen Studium der*

Harmonik, die erste Harmonielehre in russischer Sprache, erschien 1872 und wurde mehrfach nachgedruckt. Nach Auskunft von Nikolaj Kaschkin, der gleichfalls seit 1866 am Moskauer Konservatorium lehrte und später ein bedeutender Kritiker wurde, ist es aus Aufzeichnungen von Tschaikowskys Studenten hervorgegangen. Ein zweites Unterrichtswerk mit dem Titel *Kurzes Lehrbuch der Harmonik. Eingerichtet für das Studium kirchenmusikalischer Werke in Russland* erschien 1875 im Druck (Nachdruck 1895). Dieses Buch entstand in enger Rücksprache mit dem Geistlichen Dmitrij Rasumowsky, der seit 1871 Kirchenmusik am Konservatorium lehrte und grundlegende Arbeiten zum Kirchengesang und zur Neumenschrift in Russland veröffentlichte.

Die publizistischen Aktivitäten bestätigen Tschaikowskys musikkulturelles Engagement und zeigen ihn, der über fundierte passive Deutschkenntnisse verfügt haben muss, als Multiplikator musikpraktischen und musikästhetischen Wissens. Daneben betätigte er sich in den Jahren 1868 bis 1876 auch als Musikkritiker. In den gut sechzig Rezensionen, die er in dieser Zeit verfasste, zeigt er sich als kluger und umsichtiger Beobachter, bringt aber auch seine Vorlieben und Abneigungen klar zum Ausdruck. Der letzte Text dieser Serie ist ein Bericht über die Uraufführung des *Rings des Nibelungen* in Bayreuth. Seinen eigenen Angelegenheiten gelten einzelne publizistische Aktivitäten in den 1880er Jahren wie autobiographische Notizen oder kurze Statements, die er auf Bitten anderer verfasste.

Die unter Tschaikowskys Namen erschienenen Volksliedsammlungen sind gleichfalls Resultat seiner Kooperation mit Jurgenson und seiner Unterrichtstätigkeit. *Fünfzig russische Volkslieder* (für Klavier vierhändig) gehen auf zwei Editionen, die von Konstantin Vilbois (1860) und die von Balakirew (1866), zurück und erschienen in zwei Heften 1868 und 1869 im Druck. Eine weitere zweiteilige Volksliedausgabe (1872 und 1873) beruht auf einer Sammlung, die Tschaikowskys Schüler Vassilij Prokunin zusammengestellt hatte.

In den zwölf Jahren, die Tschaikowsky am Moskauer Konservatorium wirkte, sind unzählige Studentinnen und Studenten durch seine Hände gegangen, die später als Komponisten, Dirigenten, Instrumentalisten, Sänger, Kritiker und Musikwissenschaftler in Russland und der späteren Sowjetunion, zum Teil auch im Ausland, tätig wurden. Seine beiden wirkungsmächtigsten Schüler sind Sergej Tanejew und Alexander Siloti. Tanejew, der – wie damals üblich – im Kindesalter ins Konservatorium eintrat und 1875 als 19-Jähriger mit einer Goldmedaille in Klavier und Komposition abschloss, stand zeitlebens mit Tschaikowsky in engem professionellem Kontakt, wurde nach dessen Ausscheiden 1878 sein Nachfolger und leitete das Konservatorium zeitweise auch als Direktor. Zu seinen Absolventen, also Tschaikowskys Enkelschülern, gehören fast alle großen Namen der russischen Musik des späten 19. und frühen 20. Jahrhunderts. Sergej Rachmaninow und Alexander Skrjabin, die beiden prominentesten unter seinen Absolventen, belegen exemplarisch, wie eng Komponisten- und Pianistenausbildung miteinander verknüpft waren. Alexander Siloti, aus der Ukraine gebürtig und über seine Mutter Cousin von Rachmaninow, trat gleichfalls im Knabenalter ins Konservatorium ein, setzte seine Studien bei Franz Liszt in Weimar fort und verband später die Position eines Klavierprofessors am Moskauer Konservatorium mit einer internationalen Karriere, die er auch zur Propagierung von Tschaikowskys Werken nutzte. Nach der Oktoberrevolution 1917 floh er in den Westen und lehrte fast zwanzig Jahre an der Julliard School in New York.

Private Aspekte

Tschaikowskys Position als Konservatoriumsprofessor brachte weitere professionelle und private Kontakte mit sich und gestattete auch Reisen ins Ausland. Die unterrichtsfreien Sommermonate, üblicherweise Juni bis September, verbrachte er teils auf den Gütern seiner Schwester, teils auf den Landsitzen von Freunden, teils im westeuropäischen Ausland und nutzte die Zeit hauptsächlich zum Komponieren. 1868 hatte er die Gelegenheit, als Begleiter einer kleinen Reisegesellschaft nach Berlin und zum zweiten Mal nach Paris zu reisen. Initiator dieser Reise war Vladimir Begitschew, damals Direktor der Kaiserlichen Theater in Moskau, der ein offenes Haus führte und Berühmtheiten der Kunstszene, unter ihnen die Schriftsteller Iwan Turgenjew und Alexander Ostrowsky, bei sich empfing. Er hat Tschaikowsky später den Auftrag für die Schauspielmusik zu Ostrowskys *Schneeflöckchen* vermittelt und die Komposition des Balletts *Schwanensee* angeregt. In zweiter Ehe war er mit der verwitweten Sängerin Maria Schilowskaja verheiratet, die die beiden Söhne Konstantin und Vladimir mit in die Ehe brachte. Die Reisegesellschaft im Sommer 1868 bestand aus Begitschew, dem Sänger Konstantin de Lazari und dem damals 16-jährigen Vladimir Schilowsky, der im Jahr zuvor Tschaikowskys Schüler geworden war. Der Unterricht sollte während der Reise fortgesetzt werden. Beide sind zeitlebens, auch nach Schilowskys Heirat, Freunde geblieben. Mit Konstantin Schilowsky, der später bei der Einrichtung des *Eugen-Onegin*-Librettos mitarbeitete, verband Tschaikowsky gleichfalls eine lebenslange Freundschaft. Die Sommermonate 1872 bis 1875 verbrachte er in Ussowo, einem im Gebiet Tambow gelegenen Landsitz der Familie Schilowsky. Hier skizzierte er die erste Fassung der zweiten Symphonie und die Orchesterfantasie *Der Sturm*; er instrumentierte die Oper *Schmied Wakula* und vollendete die dritte Symphonie. Zwei Klavierstücke, *Nocturne* und *Humoresque* (Op. 10, 1872), und die dritte Symphonie sind Vladimir Schilowsky gewidmet. Den anderen Mitgliedern der Familie Schilowsky eignete Tschaikowsky keines seiner Werke zu, was auf die besondere Beziehung zwischen ihm und seinem einstigen Schüler hindeuten mag.

Im Frühjahr 1868 gastierte im Moskauer Bolschoj-Theater ein italienisches Opernensemble, dessen Star die belgische Mezzosopranistin Désirée Artôt war. Damals 33-jährig, konnte sie bereits auf eine lange internationale Karriere zurückblicken und muss eine bemerkenswerte Sängerin gewesen sein. Hermann Laroche berichtet rückblickend, dass sie den Moskauer Musikern als «Verkörperung des dramatischen Gesangs selbst» erschienen sei, die mit absoluter Reinheit intonierte, ihre außerordentliche Virtuosität stets der Kunst unterordnete und mit ihrem Gesang «jedermann berückte und entzückte!» Gegenüber den Zwillingsbrüdern machte Tschaikowsky keinen Hehl aus seiner Faszination: «Ich habe mich mit der Artôt sehr befreundet und erfreue mich ihrer Gegenneigung; selten habe ich ein so liebes, gutes und kluges Weib getroffen», schrieb er im Oktober 1868 an Anatolij, und einen Monat später an Modest: «Wenn Du wüsstest, welche Sängerin und Schauspielerin die Artôt ist!! Noch nie habe ich einen so starken künstlerischen Eindruck gehabt wie diesmal!» Offenkundig war es ihre Kunst, die Tschaikowskys Leidenschaft entflammte; und er, der vielleicht auch hoffte, seine «Neigungen», wie er es nannte, zu überwinden, projizierte die Begeisterung für ihre Interpretationskunst auf die Künstlerin selbst und verliebte sich in sie.

Ihr zu Ehren verfasste er zusätzliche Rezitative und einen Chor für Daniel-François-Esprit Aubers Oper *Le Domino noir*, den das Ensemble in italienischer Sprache aufführte. Von seinen Gefühlen mag eine im Herbst 1868 entstandene, Désirée Artôt gewidmete *Romance* für Klavier (Op. 5, f-Moll) künden, der ein sehnsuchtsvoller melodischer Habitus zu eigen ist. Die Beziehung zu Désirée Artôt war Tschaikowsky so ernst, dass er seinem Vater Weihnachten 1868 einen langen Brief schrieb und ihn wegen seiner Heiratspläne um Rat fragte. Aus Ilja Tschaikowskys umgehender Antwort spricht ein kluger und liebender Vater. Alle Bedenken, die der Sohn gegen die Ehe anführt, räumt er eines nach dem anderen aus dem Weg. Den Altersunterschied – sie war fünf Jahre älter – hält er für irrelevant. Das Argument, als Ehemann einer berühmten Sängerin werde er in ihrem Schatten stehen und deshalb seinen Arbeitsschwung verlieren, nennt er Unsinn, wenn sich beide achten und ihre Arbeit respektieren. Die beiden möchten sich Zeit lassen, sich selbst und einander prüfen und dann Mut zur Ehe haben.

Aus Tschaikowskys Darstellung muss man annehmen, die Sache sei zwischen beiden Partnern ausgemacht, Freunde, Bekannte und Kollegen seien in die Heiratspläne eingeweiht gewesen. Désirée Artôt reiste jedoch nach Ende des Moskauer Gastspiels weiter nach Warschau und verlobte sich dort mit dem spanischen Bariton Mariano Padilla y Ramos, der übrigens noch zwei Jahre jünger war als Tschaikowsky. Artôt und Padilla y Ramos heirateten im September 1869, die gemeinsame Tochter Lola Artôt de Padilla wurde gleichfalls Opernsängerin. Dass aus seiner Hochzeit wohl nichts werde, teilte Tschaikowsky dem Bruder Anatolij im Januar 1869 mit. Von dem Verlöbnis mit dem spanischen Sängerkollegen erfuhr er von Nikolaj Rubinstein, und die Familie Tschaikowsky vermutete, dass jener am Nicht-zustande-Kommen der Eheschließung nicht unschuldig war. Die Entscheidung der Désirée Artôt zu einem Verlöbnis unmittelbar nach den Ereignissen in Moskau und ihr Schweigen gegenüber Tschaikowsky legt auch die Vermutung nahe, dass er seine Verbindung mit der Sängerin vielleicht falsch eingeschätzt hatte. Seine Freunde waren jedenfalls wenig überrascht, dass er unter der Trennung kaum zu leiden schien.

Désirée Artôt trat im Herbst 1869 wieder in Moskau auf. Tschaikowsky gestand dem Bruder Anatolij, wie sehr ihm die Begegnung bevorstand: «Dieses Weib hat mir viele bittere Stunden bereitet, und doch fühle ich mich durch eine unerklärliche Sympathie so zu ihr hingezogen, dass ich beginne, mit fieberhafter Ungeduld ihre Ankunft zu erwarten.» Ihren Auftritt soll er mit dem Opernglas verfolgt und dabei bitterlich geweint haben, berichtet Kaschkin. Tschaikowsky und Désirée Artôt sind sich 1888 in Berlin wiederbegegnet; in dieser Zeit haben sie einige Briefe gewechselt, und er komponierte für sie sechs französische Lieder (Op. 65).

Nach der Artôt-Episode kehrte Tschaikowsky zum geordneten Leben aus Unterricht, Reisen und intensiven Kompositionsphasen zurück. Neben Ussowo, dem Landsitz der Familie Schilowsky, waren ihm Orte in der Ukraine feste Anlaufpunkte, wo Freunde und Verwandte lebten. Auf den Landsitzen der Dawydows, das heißt seiner Schwester Alexandra und ihrer Familie, hielt Tschaikowsky sich regelmäßig auf. Unzählige Werke sind in Kamenka entstanden; der letzte Besuch dort datiert von Januar/Februar 1893. In Nysy, im Gouvernement Charkow, hatte die Familie seines Freundes Nikolaj Kondratjew ein Anwesen. Die beiden kannten sich seit Mitte der 1860er Jahre und freundeten sich 1870 an, als Kondratjew mit Frau und Tochter den Winter in Moskau verbrachte. Kondratjew, von Beruf Anwalt und ein umfassend gebildeter Lebemann, und der eher menschenscheue Tschaikowsky schlossen eine innige Freundschaft, die bis zu Kondratjews Tod hielt. Allsommerlich von 1871 bis 1879 (mit Ausnahme von 1877) besuchte der Komponist die Familie in Nysy. Die ersten Arbeiten an *Schmied Wakula* wurden 1874 hier begonnen, bevor Tschaikowsky zur Familie Schilowsky weiterreiste. Nach der Übersiedlung der Kondratjews nach Petersburg besuchte Tschaikowsky sie, wann immer sein Weg ihn dorthin führte. Als Kondratjew sich 1887 wegen seiner Wassersucht einer Kur in Aachen unterzog, reiste Tschaikowsky zum todkranken Freund und hielt sich ganze drei Monate in seiner Nähe auf. Sehend, dass die zum Teil qualvollen Maßnahmen ohne Erfolg bleiben würden, litt er mit ihm und rang mit sich, bis zu dessen Tod bei ihm zu bleiben. Kondratjew starb am 3.10.1887 in Aachen, als Tschaikowsky längst wieder in Russland war.

Die vermutlich tiefste seelische Erschütterung, die Tschaikowsky in seiner Zeit als Konservatoriumsprofessor erlebte, betrifft einen Studenten, den deutschstämmigen Eduard Sack, dessen Existenz erst in jüngster Zeit genauer belegt wurde. In Modest Tschaikowskys großer Monographie, auch in späteren Tschaikowsky-Biographien, kommt er nicht vor. Allein weil sein Name in den Tagebüchern mehrfach fällt, ist die Forschung hellhörig geworden. Sack begann 1867 zusammen mit seinem Cousin Raphael Köber, aus dem später ein professioneller Pianist wurde, die Ausbildung am Konservatorium. Er trat 1868, damals 14-jährig, in Tschaikowskys Klasse ein, verließ das Konservatorium aber nach zwei Jahren wieder. Später intendierte Sack den Besuch eines Gymnasiums, zu dem Tschaikowsky und Köber ihm zurieten. Was daraus wurde, ist nicht bekannt; 1871/72 finden wir den Jungen in Konotop im Nordosten der Ukraine als Mitarbeiter im Betrieb des Bergbauingenieurs Nikolaj Tschaikowsky. Im Juni 1871 besuchte Tschaikowsky seinen Ingenieur-Bruder und hat möglicherweise die Anstellung Sacks in die Wege geleitet. Vom 28.9.1871 datiert ein langer Brief Tschaikowskys, in dem er seinen Bruder bittet,

Sack einen Ausflug nach Moskau zu gewähren und bekennt: «Ich vermisse ihn schrecklich und fürchte um seine Zukunft [...], es ist absolut notwendig für mich, ihn zu sehen. Leite das also, um Gottes willen, in die Wege.» Die Dramaturgie dieses Briefes lässt keinen Zweifel, dass Tschaikowsky Sack wieder in seiner Nähe haben wollte und dass er seine homoerotische Sehnsucht mit vorgeschobenen Argumenten verschleiert. Es ist aber ebenso denkbar, dass er Manns genug war, solche Gefühle zu beherrschen und zu sublimieren. Vielleicht ahnte er, der feinsinnige und einfühlsame Beobachter, wie gefährdet der Junge tatsächlich war. Ob Sack auf diesen Brief hin nach Moskau reiste, ist nicht bekannt. Seine Spur findet sich wieder in einer Anfrage Tschaikowskys bei seinem Kollegen Karl Albrecht, ob Sack bei einer studentischen Inszenierung teilnehmen dürfe, und im Juni 1873 in einer Rückfrage Tschaikowskys bei seinem Freund Vladimir Schilowsky. – Sack nahm sich am 2.11.1873 das Leben. Er war 19 Jahre alt.

Im Tschaikowsky-Museum in Klin hat sich ein Brief der Mutter erhalten, in dem sie Tschaikowsky fragt, wo ihr Sohn begraben sei, und eine Antwort Köbers auf einen nicht erhaltenen Brief Tschaikowskys, in dem Köber ausführlich darlegt, er habe den Freitod seines Cousins kommen sehen als Folge seiner Unfähigkeit, sich in der Welt zurechtzufinden, eine Antwort auch voller Selbstvorwürfe. Wie es Tschaikowsky ging, erfährt man aus einem Brief, den er dem Petersburger Verleger Bessel am 5.11.1873 schickte: «Ich stehe jetzt unter dem Eindruck einer tragischen Katastrophe, die einer mir nahestehenden Person passiert ist, und meine Nerven sind furchtbar erschüttert. Ich bin unfähig, irgendetwas zu tun. Daher bitte ich Sie, mich nicht wegen der Klavierstücke zu bedrängen.»

Gemeint sind offenbar die *Six morceaux composés sur un seul thème* (Op. 21), ein pianistisch anspruchsvoller Klavierzyklus, der zwischen September und November 1873 entstand und ein Jahr später mit einer unverbindlichen Widmung an Anton Rubinstein erschienen ist. Es handelt sich um Charaktervariationen über ein ebenso eingängiges wie wandlungsfähiges Thema, das um den Ton «as» kreist. Den Anfang bilden Präludium und Fuge in gis-Moll (mit dem enharmonisch verwechselten Grundton zu «as»), dann folgen ein Impromptu in cis-Moll, ein Trauermarsch und eine Mazurka in as-Moll; mit einem metrisch effektvollen Scherzo in As-Dur klingt der Zyklus aus. Präludium und Fuge sind ein ernstes Satzpaar, das in die deutsche Musiktradition und auf Johann Sebastian Bach weist, dessen romantische Aneignung durch Mendelssohn Tschaikowsky offensichtlich kannte. Die Tonart as-Moll, die Tschaikowsky für den Trauermarsch und die Mazurka wählt, hat sieben «B». Es ist eine irreale Tonart, die extremen Ausdrucksbereichen vorbehalten ist. Beethoven benutzt sie in seiner As-Dur-Sonate (Op. 26), dort im Trauermarsch mit dem Titelzusatz *sulla morte d'un Eroe*. In der Coda seines Trauermarsches zitiert Tschaikowsky in tiefster Lage die Dies-irae-Melodie aus dem katholischen Requiem, eine Melodie, die als musikalische Todes-Vokabel etabliert und international verständlich war.

Fast exakt 16 Jahre nach Sacks Freitod notierte Tschaikowsky in seinem Tagebuch unter dem 4.9.1887: «Bevor ich schlafen ging, habe ich viel und lange über Eduard nachgedacht. Viel geweint. Gibt es ihn wirklich nicht mehr??? Ich glaube es nicht.» Und einen Tag später gesteht er sich ein: «Meine Schuld vor ihm bleibt entsetzlich! Und dennoch habe ich ihn geliebt, d.h. nicht ich habe ihn geliebt, sondern ich liebe ihn immer noch, und die Erinnerung an ihn ist mir heilig!» Das späte Schuldeingeständnis und die späte Liebeserklärung werfen noch einmal die nicht zu beantwortende Frage auf, was damals geschehen sein könnte. Es gibt zahlreiche Belege dafür, wie leicht Tschaikowskys amouröse Gefühle entflammbar waren, und auch dafür, dass er sich zu zügeln wusste. Unabhängig davon: Was macht die erotische Faszination eines reifen Mannes, der zugleich Autorität und Vorbild ist und sich väterlich sorgt, mit der Seele eines abhängigen pubertären Jungen? Als Modest Tschaikowsky 1876 die Erziehung des achtjährigen taubstummen Nikolaj Konradi übernahm, gab Bruder Pjotr zu bedenken: «Homosexualität und Pädagogik können sich nicht miteinander vertragen.» Die Schuld, die Tschaikowsky sich vorwirft, kann allerdings auch anders, nämlich im Sinne unterlassener

Hilfeleistung verstanden werden. Wäre er an der Seite des jungen Freundes gewesen, hätte er ihn vielleicht vom Freitod abhalten können. Tschaikowsky war gläubig, ein praktizierender Christ, dem der Gedanke an Selbstmord schrecklich war. Auch als sich ein junger Offizier aus seinem Umfeld 1886 das Leben nahm, machte er sich schwere Vorwürfe, dass er den Selbstmord durch seine moralische Anteilnahme womöglich hätte verhindern können.

Auf dem Weg zu großen Bühnenwerken

Tschaikowskys Hauptgeschäft war das Komponieren. Sein Werkverzeichnis seit Ende des Studiums zeigt in aller Deutlichkeit, dass er sich als professioneller Komponist profilieren wollte, der alle musikalischen Gattungen, vor allem aber die Oper als vornehmste Gattung beherrscht. An seinem Werkverzeichnis lässt sich auch ablesen, dass er kontinuierlich und hart, oft auch an mehreren Projekten parallel gearbeitet hat. Hier offenbart sich eine Arbeitsmoral, die Tschaikowsky später gegenüber Großfürst Konstantin Konstantinowitsch so umschrieb: «Seit der Zeit, da ich zu schreiben begann, habe ich es mir zur Aufgabe gemacht, dasselbe in meinem Fach zu sein, was die größten Meister der Musik gewesen sind: Mozart, Beethoven, Schubert usw. – das heißt nicht ebenso groß zu sein wie sie, sondern nach Art der Schuster zu arbeiten, wie sie es getan, und nicht nach herrschaftlicher Art wie z. B. unser Glinka, dessen Genie ich übrigens durchaus nicht verneine. – Mozart, Beethoven, Schubert, Mendelssohn Bartholdy, Schumann haben ihre unsterblichen Werke gerade so geschaffen, wie ein Schuster Stiefel zu machen pflegt, das heißt täglich arbeitend und größtenteils auf Bestellung. Im Resultat ergab sich Kolossales.»

In der dreiaktigen Oper *Der Wojewode* (Op. 3, 1867/68) nach Ostrowskys gleichnamiger, damals populärer Komödie (1865), die gleichzeitig mit der Schauspielmusik zu Ostrowskys dramatischer Chronik *Der falsche Dmitrij und Vassilij Schuisky* entstand, geht es um einen rüpelhaften Wojewoden und zwei schöne Mädchen, die aus seiner Gefangenschaft befreit werden.

Bezugspunkt ist das Modell der Rettungsoper, das einst mit Werken wie Cherubinis *Wasserträger* und Beethovens *Fidelio* das europäische Publikum begeisterte, und kombinierte das mit explizit russischem Kolorit. Die Oper hatte Erfolg; auf die Premiere am 30.1.1869 im Bolschoj-Theater folgten fünf weitere Aufführungen. Vladimir Odojewsky, Schriftsteller und Musikkritiker mit einem wachen Sinn für die sich neu profilierende russische Musikkultur, rühmte den russischen Ton und sagte Tschaikowsky eine große Zukunft voraus. Hermann Laroche jedoch übte grundsätzliche Kritik, indem er einen mangelhaften dramatischen Zugriff und ein Missverhältnis zwischen Orchester und Singstimmen hervorhob. Möglicherweise gab diese Kritik den letzten Ausschlag dafür, dass Tschaikowsky die Partitur aus der Bibliothek des Bolschoj-Theaters entwendete und sie vernichtete. Dessen ungeachtet benutzte er etliche Abschnitte aus dem *Wojewoden* in späteren Werken. Ein *Potpourri*, das er aus Nummern der Oper 1868 für Klavier arrangiert und unter dem Pseudonym «H. Cramer» veröffentlichte, erfreute sich großer Beliebtheit. Als Nadeshda von Meck Tschaikowsky mit Bezug auf dieses *Potpourri* Ende 1879 fragte, was an der Oper schlecht sei, bekannte er: Erstens sei das Thema zu wenig dramatisch, zweitens habe er zu schnell komponiert und den Unterschied zwischen Oper und Symphonie nicht beachtet, drittens sei das Orchester im Verhältnis zu den Singstimmen zu laut.

Tschaikowskys zweite Oper, *Undina* (Anfang 1869), basiert auf Friedrich de la Motte Fouqués gleichnamiger Erzählung (1811), die zuvor schon E. T. A. Hoffmann (1816) und Albert Lortzing (1845) vertont hatten. Als Tschaikowsky im April bei Stepan Gedeonow, dem Direktor der Kaiserlichen Theater in Petersburg, anfragte, stellte man ihm eine Aufführung im November 1869 in Aussicht, wenn er bis September liefere. Er sandte die Partitur bereits Anfang August nach Petersburg. Mitte November teilte man ihm dann schließlich mit, dass man *Undina* wegen anderer Zusagen habe zurückstellen müssen. Diese Entscheidung, die Tschaikowsky auch deshalb hart traf, weil er auf das Honorar angewiesen war, hatte die Konsequenz, dass die Oper unaufgeführt blieb. Auszüge, die Introduktion, Undinas Arie und das Finale des ersten Akts, wurden im März 1870 in Moskau gespielt, dann aber geriet das Werk in Vergessenheit. 1873 ließ sich Tschaikowsky die Partitur aus Petersburg kommen, um Themen daraus in anderen Werken, in der zweiten Symphonie, der Schauspielmusik *Schneeflöckchen* und dem Ballett *Schwanensee*, zu verwenden. Nachdem die Partitur «ausgeschlachtet» war, vernichtete Tschaikowsky sie.

In die *Schneeflöckchen*-Schauspielmusik (Op. 12, 1873), die bei der Uraufführung von Ostrowskys *Frühlingsmärchen* erklang, sind zahlreiche Volkslieder eingearbeitet. Es war offenkundig Tschaikowskys Anliegen, diesen auf alten slawischen Mythen basierenden Stoff mit einer ins Archaische zurückweisenden Musik zu verbinden. Schneeflöckchen ist wie Undine ein Naturwesen, das durch die Liebe zu einem Menschen eine Seele bekommt, aber an der Unmöglichkeit dieser Liebe zugrunde geht – Undine, indem sie ins Wasser zurück muss, Schneeflöckchen, indem sie am Ende schmilzt. Die dem Sujet eigene Lyrik muss Tschaikowsky besonders angesprochen haben, so dass er auf Rimsky-Korsakows Vertonung des Stoffes als Oper (UA Dezember 1881) zunächst eifersüchtig reagierte. «Ist es dir nicht auch unangenehm», heißt es 1882 in einem Brief an Jurgenson, «dass man mir mit Gewalt gleichsam ein Stück von meinem Ich genommen hat und dasselbe dem Publikum in einem neuen Gewand vorsetzen wird? Das kränkt mich zu Tränen.»

Tschaikowskys dritte Oper, *Opritschnik* (ohne Opuszahl), die er unmittelbar nach *Undina* in Angriff nahm, beruht auf dem gleichnamigen, in Blankversen verfassten historischen Drama von Iwan Lashetschnikow, das zur Zeit Iwans IV., des Schrecklichen, spielt. Das Libretto stellte Tschaikowsky selbst zusammen. Er rückt die Tragödie des jungen Bojaren Andrej Morosow ins Zentrum, der sich der Opritschnina anschließt, jener militärischen Terroreinheit, die der Zar zur Entmachtung der Bojarenaristokratie eingesetzt hatte. Mit diesem Schritt hofft Andrej, den Mörder seines Vaters zu rächen und zugleich dessen Tochter, die ihn liebt, heiraten zu können. Der Zar gewährt die Heirat und den damit verbundenen Austritt aus der

Opritschnina, verlangt dafür aber das Recht der ersten Nacht. Als Andrej dies verweigert, wird er vor den Augen seiner Mutter hingerichtet. Der *Opritschnik* ist als Grand Opéra angelegt mit prächtigen historischen Tableaus, großen Chorszenen und Tanzeinlagen, die als Hintergrund für die Tragödie der Hauptfiguren dienen.

Mit der Entscheidung für einen Stoff aus der nationalen Geschichte folgte Tschaikowsky einem Trend, der in Geschichtsschreibung, Literatur und bildender Kunst begonnen hatte und dem sich um die gleiche Zeit auch die Petersburger Komponisten anschlossen. Im Hintergrund stand nationales Konkurrenzdenken; denn als man international von Wagners *Nibelungen*-Tetralogie erfuhr und die Uraufführung des *Rheingold* in München bevorstand, über die Stassow für die russische Presse berichtete, war klar, dass man dem etwas Eigenes, etwas Russisches, entgegensetzen wollte. Tschaikowskys *Opritschnik* wurde am 12.4.1874 in Petersburg uraufgeführt und im Kontext von Opern über Themen aus der nationalen Geschichte (Rimsky-Korsakows *Pskowitjanka*, UA 1873, Mussorgskys *Boris Godunow*, UA 1874) vielleicht auch deshalb begeistert aufgenommen, weil die Partitur von Volksliedanklängen und -zitaten durchzogen ist. Die Leitung hatte der aus Böhmen stammende Dirigent Eduard Nápravník, seit 1869 Chefdirigent des Mariinsky-Theaters und selbst Komponist einer historischen Oper, betitelt *Die Nishnij-Nowgoroder* (UA 1868). Ungeachtet des Erfolgs stand Tschaikowsky auch diesem Opus kritisch gegenüber. «Keine Handlung, kein Stil, keine Inspiration», schrieb er dem Bruder Modest. Als Bessel, der das Libretto und den Klavierauszug 1874 gedruckt hatte, 1891 mit dem Plan, die Partitur herauszugeben, an Tschaikowsky herantrat, antwortete dieser mit einem kategorischen Nein und stellte eine grundlegende Überarbeitung in Aussicht, zu der es aber nicht mehr kam. Bessel respektierte das Verbot und brachte die Partitur erst posthum 1896 mit Tanejews Unterstützung heraus.

Nicht anders erging es Tschaikowskys vierter Oper, *Schmied Wakula* (Op. 14), an der er gleich nach dem *Opritschnik* zu arbeiten begann. Zugrunde liegt ein Libretto nach Nikolaj Gogols «kleinrussischer» fantastischer Erzählung *Die Nacht vor Weihnachten*, ein Libretto, das für Serow entstanden war und das Großfürstin Elena Pawlowna nach dessen Tod 1871 zu seinem Gedenken als Wettbewerb um die beste Vertonung ausschrieb. Einsendeschluss war der 1.8.1875. Tschaikowsky hatte sich fälschlich den 1.1.1875 notiert und die Partitur schon im September 1874 vollendet. Dieser Irrtum frustrierte ihn so, dass er in Petersburg anfragte, ob er nicht aus dem Wettbewerb ausscheiden und die Oper unabhängig davon aufgeführt werden könne. Das wurde negativ beschieden, und Tschaikowsky blieb im Wettbewerb, obwohl nun bekannt war, dass er ein Werk eingereicht hatte. Am Ende gewann er den mit 1500 Rubeln dotierten Preis tatsächlich; die fünf anderen, die zum Wettbewerb angetreten waren, verdienten, so Nápravník, nicht einmal einen zweiten Preis. Dennoch klingt Tschaikowskys Fazit nach der Uraufführung am 24.11.1876 düster. *Wakula* sei «glänzend durchgefallen», schrieb er an Tanejew. Ausstattung und Inszenierung seien vorbildlich gewesen. «Kurz, ich bin allein der Schuldige. Die Oper ist mit Nebensachen, mit Details überfüllt, dabei zu dick instrumentiert und in gesanglicher Hinsicht zu wenig wirkungsvoll.»

Vier Opern stehen am Anfang von Tschaikowskys Komponistenlaufbahn. Er kämpfte darum, mit einer Oper zu reüssieren, stellte aber so hohe Ansprüche an sich, dass dem Schaffenselan immer wieder ernüchternde Selbstkritik folgte, auch dann, wenn er – wie mit *Opritschnik* – Erfolg hatte. Seine Unzufriedenheit wurzelte in der Unsicherheit über die Frage, was unter Oper in den 1860er Jahren in Russland verstanden werden sollte. Die Petersburger Kollegen entschieden sich für historische Opern, in denen ähnlich wie in der von Giacomo Meyerbeer geprägten Grand Opéra herausragende Ereignisse der nationalen Geschichte als Rahmen für Einzelschicksale dienen, wobei diese Einzelpersonen vom Gang der Geschichte überrollt werden. Der russische Bezugspunkt war Glinkas *Leben für den Zaren*, während man Glinkas *Ruslan und Ljudmila* als Modell für Märchenopern nahm. Tschaikowsky muss in der Phase der Suche, die bei ihm, anders als bei den Petersburger Kollegen, zu vier fertigen Werken führte, gespürt haben, dass diese beiden Wege ihn zu keinem befriedigenden Ziel führen können. Mit dem *Wojewoden* legte er eine lyrische Rettungsoper mit komischen Elementen vor; *Undina* ist die erste Märchenoper nach Glinkas *Ruslan und Ljudmila* und Dargomyshskys *Rusalka* (1855). *Opritschnik* folgt dem Modell der historischen Opern, und *Schmied Wakula* weist wiederum ins Märchenhaft-Fantastische. Erst allmählich muss sich Tschaikowsky klar gemacht haben, dass seine besondere Fähigkeit darin liegt, seelische Entwicklungen und feinste emotionale Schwankungen musikalisch glaubwürdig nachzuzeichnen und dass der dafür passende dramatische Rahmen nicht unbedingt in einem historischen Drama, einer Komödie oder einem Märchenstoff, sondern in einem Sujet wie *Eugen Onegin* liegt.

Wie ernst es ihm mit Druckverboten und Vernichtung tatsächlich war, sei dahingestellt. Vom *Wojewoden* und von *Undina* hat er die Partituren vernichtet, nicht aber das Stimmenmaterial. So konnte der Musikwissenschaftler Pawel Lamm die *Wojewoden*-Partitur anhand der erhalten gebliebenen Stimmen rekonstruieren. Sie erschien, wie auch die erhaltenen Nummern der *Undina*, im Rahmen der sowjetischen Gesamtausgabe. Von *Schmied Wakula* wurde zwar ein Klavierauszug, aber niemals, auch nicht im Rahmen der Gesamtausgabe, eine Partitur gedruckt. Vermutlich entschied man so, weil Tschaikowsky diese Oper 1885/86 grundlegend überarbeitet und unter dem Titel *Die Pantöffelchen (Tscherewitschki)*, deutsch gelegentlich auch als *Oxanas Launen*, neu herausgebracht hat. In dieser Fassung gelang ihm die Leichtigkeit, die in der ersten Version fehlte. Der Schmied und die von ihm angebetete, kapriziöse Oxana, die zum Beweis seiner Liebe verlangt, dass er ihr die Pantöffelchen der Zarin bringe, sind lebendige Charaktere, gegenüber denen die übrigen Figuren – Dorfbewohner, Jugend, die Hexe Solocha und der Teufel, auf dessen Rücken Wakula nach Petersburg zur Zarin reitet, die Naturgeister und die höfische Welt – vielfältig differenziert sind.

Mit seinem ersten Ballett, *Schwanensee* (Op. 20, 1875–1877), betrat Tschaikowsky insofern Neuland, als ambitionierte russische Komponisten um die Zeit kein Interesse am Tanztheater hatten, einem Genre, das damals keinen ernsthaften Kunstanspruch in Russland hatte. Während bei Opern der Komponist selbstverständlich als Autor genannt wurde, zeichnete im Tanztheater allein der Ballettmeister verantwortlich. Musik galt als bloßer Hintergrund; der Komponist war ein Zulieferer, der erst hinzugezogen wurde, wenn Szenarium und Schrittfolgen schon feststanden. Es gab beliebte Tanzsujets, die im Laufe der Zeit mit unterschiedlichsten Musikkompilationen liefen.

Durch Gastspiele kannte man westeuropäische Ballette. *La Sylphide* (Musik von Jean Schneitzhoeffer) kam 1841, *Giselle* (Musik von Adolphe Adam) 1842 in Petersburg und 1843 in Moskau heraus. Der aus Marseille gebürtige Petersburger Ballettmeister Marius Petipa prägte seit Ende der 1840er Jahre bis ins frühe 20. Jahrhundert nicht nur das russische Tanztheater nachhaltig, sondern setzte auch international Maßstäbe für den klassischen Spitzentanz. Am Anfang dieses langen Prozesses, aus dem eine ganze Reihe von Ballettmusiken bis hin zu den *Ballets russes* hervorging, steht der Auftrag, den die Direktion des Moskauer Bolschoj-Theaters Tschaikowsky im Frühjahr 1875 für ein Ballett erteilte. In der Sommerpause begann er mit der Arbeit und schrieb nach der Rückkehr nach Moskau an Rimsky-Korsakow, er habe den Auftrag «teils wegen des Geldes» angenommen, teils weil er seine «Hand an dieser Art von Musik schon lange versuchen» wolle.

Der Märchenstoff, den vermutlich Begitschew selbst als Libretto eingerichtet hatte, erzählt die alte Geschichte vom bösen Zauberer Rotbart, der die Prinzessin Odette in einen weißen Schwan verwandelte. Prinz Siegfried begegnet ihr in Gestalt eines wunderschönen Fabelwesens, halb Mensch halb Schwan, und schwört ihr ewige Liebe. Bei seiner Brautwahl entscheidet er sich jedoch für Odile, Rotbarts Tochter, die Rotbart gleichfalls verzaubert hat. Siegfried erkennt seinen Irrtum und opfert sich für Odette. Erst im Tod sind die Liebenden vereint. Es gibt spätere Fassungen, in denen nur einer von beiden stirbt oder mit Happy End beide überleben. Tschaikowsky hat dazu eine symphonisch durchgearbeitete Partitur geschaffen, die dem dramatischen Verlauf Rechnung trägt und pittoreske Tänze – besonders den Aufmarsch der Nationen am Hof des Prinzen (3. Akt) – und szenische Aktion gleichermaßen berücksichtigt. Als Bezugspunkt für eine Partitur mit solchem Anspruch kann ihm allenfalls Adolphe Adams *Giselle* gedient haben. Léo Delibes' *Sylvia* (1876), die er erst 1877 in Wien kennenlernte, schätzte er hoch und sagte gegenüber Nadeshda von Meck, *Schwanensee* sei schwächer als Delibes' Ballettmusik.

Tschaikowsky arbeitete ein gutes halbes Jahr an dem Werk. Schon bei der Uraufführung am 20.2.1877 war das Ballett sinnentstellend gekürzt. Dennoch konnte es sich sechs Spielzeiten im Moskauer Repertoire halten und bestand schließlich zu fast einem Drittel aus fremden Musikeinlagen, wie ein Kritiker berichtet. Erst nach dem Tod des Komponisten brachte Marius Petipa die wiederhergestellte ursprüngliche Fassung mit einer neuen Choreographie von Lew Iwanow heraus (Erstaufführung am 15.1.1895 in Petersburg) und begründete damit den Welterfolg dieses Stückes.

Auf dem Weg zu großen Instrumentalwerken

Am Anfang seiner Komponistenlaufbahn war Tschaikowsky außerordentlich unsicher in der Beurteilung seiner eigenen Werke, wobei die Selbstkritik gegenüber Opern wesentlich strenger als gegenüber anderen Gattungen ausfiel, an die er sich mit dem gleichen Elan heranmachte. In den wenigen Jahren, bis er aus der Ehe, aus dem Konservatorium und aus Moskau floh, entstanden nicht weniger als drei Symphonien, vier programmsymphonische Werke, die drei Streichquartette und die ersten Konzertstücke. In fast allen diesen Werken rekurriert er auf russische Intonationen bzw. orientiert sich an ästhetischen Vorgaben der Petersburger Kollegen; fast alle diese Werke hat Tschaikowsky in ihrer ersten Fassung nicht gelten lassen.

Die erste Symphonie (Op. 13, g-Moll), die noch in die Studentenzeit zurückgeht, arbeitete er gleich nach der Ankunft in Moskau aus und legte sie seinen Petersburger Professoren Rubinstein und Zaremba zur Begutachtung vor. Eine erste endgültige Fassung wurde im Februar 1868 unter Nikolaj Rubinstein uraufgeführt und begeistert aufgenommen. Die Fassung letzter Hand von 1874 trägt den programmatischen Titel *Winterträume* und zeigt einen neuartigen kompositorischen Zugriff sowohl auf die symphonische Tradition als auch auf russische volksmusikalische Intonationen. Die ersten Symphonien des Balakirew-Kreises – Rimsky-Korsakows 1865, Balakirews und Borodins 1866 – sind demgegenüber kleinformatiger und satztechnisch weniger elaboriert; volksmusikalische Wendungen sind in den formal schlichteren Mittelsätzen untergebracht und wirken daher eher pittoresk als substanziell verankert. Demgegenüber zeigt sich Tschaikowskys erste Symphonie mit ihrer satztechnischen Dichte ambitioniert. Die ersten beiden Sätze tragen programmatische Titel – *Träumerei einer winterlichen Reise* und *Düsteres Land, nebliges Land* –, dann folgen Scherzo und Finale mit langsamer Einleitung. Die beiden Hauptthemen des ersten Satzes sind knapp formuliert, eigentlich nur kurze Motive, die nach Liszts Manier der Thementransformation in immer wieder neuer Gestalt erscheinen und in ihrer pentatonischen und halbtonlosen Anlage von der Volksmusik inspiriert sind. Der Ansatz, solche Themen in einen symphonischen Prozess einzubinden und mit ihnen den Anspruch einer komplexen Sonatenform zu erfüllen, ist neu und auch im Kontext der westeuropäischen Symphonik innovativ. Der gesangliche, melancholisch anmutende langsame Satz evoziert konkret das allbekannte Wolgatreidler-Lied «Ej uchnejm», das Ilja Repin zu seinem gleichfalls bekannten Gemälde *Die Wolgatreidler* (1870–1873) inspirierte. Das Scherzo gemahnt in seiner filigranen Eleganz an Mendelssohn. Im Finale entwickelt sich aus der langsamen Einleitung ein von Tanzmelodien inspiriertes Fugato, das in einer hymnischen Apotheose gipfelt.

Auch seine zweite Symphonie (Op. 17, c-Moll) ließ Tschaikowsky in erster Fassung (1872) nicht gelten und überarbeitete das Werk 1879/80, wobei er die Ecksätze kürzte. Bei der Uraufführung am 26.1.1873 in Moskau unter Nikolaj Rubinstein hatte die Symphonie einen überwältigenden Erfolg, der sich bei weiteren Aufführungen noch steigerte. Die Petersburger Komponisten waren von der Symphonie geradezu begeistert. Tatsächlich nähert er sich hier ihrer Ästhetik: Ging es in der ersten Symphonie um die Durchdringung aller Sätze mit Volksmusikanklängen, so basieren hier der erste, zweite und vierte Satz auf Melodien ukrainischer Volkslieder, aus denen das gesamte Material entwickelt ist. Wegen dieser Zitate hat Kaschkin der Symphonie den Beinamen «Kleinrussische» gegeben – «Kleinrussland» war im zaristischen Russland der übliche Name für die Ukraine. Kaschkins Zusatztitel hat sich in der Musikkultur etabliert.

Die Symphonie beginnt mit einem Horn-Solo, das der ukrainischen Variante des russischen Liedes «Mütterchen Wolga hinunter» nachempfunden ist und das im ersten Satz wie ein Motto wiederkehrt. Vielfältige Varianten, kontrapunktische Überlagerungen und wechselnde Klangfarben tragen zur kunstvollen Verarbeitung dieses Themas bei. Der zweite Satz ist ein Marsch in Dur, zu dem als Kontrastthema in den Holzbläsern die Melodie eines ukrainischen Spinnerinnenliedes hinzutritt. Im Scherzo stehen sich der übliche Dreiertakt und ein geradtaktiges Trio gegenüber; aus der Überlagerung beider Taktarten entsteht ein reizvolles metrisches Verwirrspiel. Mit dem Finale, das auf dem beliebten Tanzlied «Der Kranich» basiert, huldigt Tschaikowsky Glinkas *Kamarinskaja*, von der er später sagte, die gesamte russische Symphonik stecke darin «wie eine Eiche in der Eichel».

Die dritte Symphonie (Op. 29, D-Dur, 1875), Tschaikowskys einzige Dur-Symphonie, ist weniger bekannt als die anderen, möglicherweise, weil sie sich von dem russischen Ton ihrer Vorgängerinnen verabschiedet und stattdessen musikalische Idiome anderer Nationen anklingen lässt. Die Einleitung zum ersten Satz ist mit *Tempo di marcia funebre* überschrieben, steht in Moll und wird von der melancholischen Hauptmelodie in den Hörnern bestimmt, die dann in ein festlich-hymnisches Thema im *Allegro brillante* mündet. Als Kontrast tritt ein gesangliches Thema in Moll hinzu, bevor beide Themen in dichter kontrapunktischer Arbeit durchgeführt werden. Der zweite Satz, *Alla tedesca*, ist ein langsames Menuett mit einem Holzbläser-Trio in

Moll. Das *Andante elegiaco*, das Zentrum der fünfsätzigen Symphonie, wird von einem rezitativischen Dialog zwischen Fagott und Horn eingerahmt, während im Mittelteil jene für Tschaikowsky so typischen sehnsuchtsvollen Gesten vorherrschen, die von Nebenstimmen kontrapunktisch umspielt werden. In der Coda kehrt der Dialog von Fagott und Horn noch einmal wieder, als wollten sich die beiden Stimmen verabschieden. Der Satz klingt mit einer Dur-Terz aus. Vielleicht kommt diesem Dialog in zwei tiefen Lagen (statt wie meist in hoher und tiefer Lage) in Bezug auf den Widmungsträger Vladimir Schilowsky eine symbolische Bedeutung zu. Das Scherzo ist ein geradtaktiger, äußerst virtuoser Satz, der in seiner Klanglichkeit auf Tschaikowskys späteren Freund Antonín Dvořák vorausweist. Wegen des Finales, *Allegro con fuoco*, das die Vortragsbezeichnung *Tempo di polacca* trägt, hat die Symphonie den inoffiziellen Beinamen «die Polnische» erhalten. Dieser festliche, passagenweise klanglich überladene Satz steigert sich zu einer Fuge und weiter zu einem breiten Hymnus, der in eine Presto-Stretta mündet. Obwohl sie in den Ecksätzen Längen hat, ließ Tschaikowsky die dritte Symphonie in erster Fassung gelten.

Zu den groß besetzten ambitionierten Werken gehört auch das erste Klavierkonzert (Op. 23), das in der extravaganten Tonart b-Moll steht und das gleichfalls mehrere Fassungen durchlaufen hat. Die erste entstand, gleich nach Abschluss von *Schmied Wakula*, an der Jahreswende 1874/1875. Weil er sich nicht als Klaviervirtuose verstand, holte Tschaikowsky, bevor er das Werk instrumentierte, den Rat Nikolaj Rubinsteins ein. Dieser muss das Konzert in Grund und Boden kritisiert und etliche Änderungen verlangt haben. Ende Januar 1878, vier Jahre später, hat Tschaikowsky die Szene, in der ihn Rubinstein offenbar wie einen Schuljungen zusammengestaucht hat, Nadeshda von Meck ausführlich berichtet, und man merkt ihm an, wie tief ihn diese Kränkung getroffen haben muss. Er instrumentierte das Konzert, ohne eine Note zu ändern. Im Frühjahr 1875 sandte er eine Fassung für zwei Klaviere an Hans von Bülow, den er möglicherweise von dessen Gastspielen in Russland kannte und der sich 1874 in der deutschen Presse überaus lobend über ihn geäußert hatte. Nach der Auseinandersetzung mit dem Werk antwortete von Bülow geradezu euphorisch, er finde darin «unübertroffene Originalität» und «Noblesse», «eine solche Reife der Form», und so «stimmige Harmonien», dass das Spiel reine Freude sein werde. «Mit einem Wort, dieses wahre Juwel wird die Dankbarkeit aller Pianisten verdienen.» Es versteht sich von selbst, dass von Bülow auch der Widmungsträger des Konzerts wurde. Im Juli bat Tschaikowsky Jurgenson, Partitur und Stimmen direkt nach London zu schicken, von wo aus von Bülow eine USA-Tournee starten wollte. Von Bülow hat das Konzert am 25.10.1875 in Boston mit überwältigendem Erfolg uraufgeführt und Tschaikowsky darüber per Telegramm informiert. Es soll das erste Telegramm gewesen sein, das von Boston nach Moskau gesendet wurde.

Die Petersburger und Moskauer Erstaufführungen folgten im November 1875, die Moskauer spielte Sergej Tanejew unter Nikolaj Rubinsteins Leitung. Tschaikowsky überarbeitete das Konzert dann doch noch zweimal, 1876 und Ende der 1880er Jahre, allerdings nur geringfügig. Die zweite Version spielte Rubinstein 1878 in Petersburg und Moskau sowie bei der Weltausstellung in Paris und machte damit das Tschaikowsky angetane Unrecht wieder gut. Von da an wurde das Konzert zu einem seiner international erfolgreichsten Werke.

Das ebenso brillante wie eingängige Hauptthema ist allbekannt, so dass man darüber vergisst, wie abwechslungsreich Tschaikowsky den ersten Satz durch mehrere Kontrastthemen, unterschiedliche Klangfarbenkombinationen und vielfältige Solopassagen für den Pianisten gestaltet. Der langsame Satz, *Andante semplice*, lässt einzelne Instrumente solistisch hervortreten, deren gesangliche Themen vom Klavier sanft umspielt werden. Ein Presto-Mittelteil deutet quasi als Scherzo die Nähe zur viersätzigen Symphonie an. Das Finale ist ein Rondo, dessen mitreißendes Thema dem Satz einen tänzerischen Charakter verleiht. Dieses Rondo-Thema und das erste der Kontrastthemen im ersten Satz basieren auf ukrainischen Volksliedern. Damit greift Tschaikowsky auch hier die Idee auf, Kunstmusik und

Volkslieder zu verknüpfen, und zeigt, dass dies nicht nur in Opern und Symphonien, sondern auch in Konzerten überzeugend angewandt werden kann.

Programmmusik

Die programmsymphonischen Werke, an denen Tschaikowsky parallel arbeitete, gehen auf Ideen aus dem Petersburger Kreis zurück. Dort hielt man Programmsymphonik nach dem Vorbild Liszts – das heißt einsätzige symphonische Werke zumeist mit literarisch inspirierten Titeln oder auf der Grundlage von Volksliedern – für fortschrittlicher als die viersätzige Symphonie ohne außermusikalischen Bezug, mit der man sich nur zu Übungszwecken befasste. 1867 waren Rimsky-Korsakow und Mussorgsky mit entsprechenden Werken an die Öffentlichkeit getreten, Rimsky-Korsakow mit dem symphonischen Bild *Sadko*, das die in Russland populäre Sagengestalt, den Händler und Gusli-Spieler Sadko, zum Gegenstand hat, Mussorgsky mit der symphonischen Dichtung *Eine Nacht auf dem Kahlen Berge*, die einen Hexensabbat in der Johannis-Nacht darstellt. Balakirew hatte bereits zwei Ouvertüren über russische und eine Ouvertüre über tschechische Themen vorgelegt und arbeitete seit 1867 an der symphonischen Dichtung *Tamara* nach Michail Lermontows kaukasischem Verspoem *Der Dämon*, das Anton Rubinstein später als Opernsujet verwendete (UA 1875). Alle diese Petersburger Werke wurden zum Teil mehrfach überarbeitet bzw. erst wesentlich später abgeschlossen.

In diesen Kontext fügte sich Tschaikowsky mit programmsymphonischen Werken ein, wählte aber – abgesehen von *Fatum* (c-Moll, 1868), dem ersten Opus dieser Art – seine Sujets nicht aus der russischen, sondern der westeuropäischen Literatur. Gleich im Anschluss entstand die Fantasie-Ouvertüre *Romeo und Julia*, zu der ihm Balakirew geraten hatte. Shakespeare erachtete man im Anschluss an den hochverehrten Berlioz als zentralen Autor für zeitgemäße Programmmusik. Tschaikowsky, der 1869 eigentlich kein Anfänger mehr war, schickte Balakirew die zentralen Themen der neuen Arbeit zur Durchsicht und nahm seine Kritik wie ein folgsamer Schüler an. Während die zweite Fassung bei der Uraufführung im März 1870 in Moskau unbeachtet blieb, vermeldete Balakirew im Mai 1870: «Alle von uns sind entzückt. Stassow ist besonders beeindruckt», und fügte mit dem ihm eigenen autoritären Ton hinzu: «Im Hinblick auf ihre Mängel, namentlich in der Form, muss die Ouvertüre noch überarbeitet werden.» Als Balakirew ihm in der Sache noch einmal schrieb, antwortete Tschaikowsky, dass er die Ouvertüre als beendet betrachte und inzwischen mit dem *Opritschnik* beschäftigt sei. 1880 überarbeitete er seine *Romeo-und-Julia*-Komposition ein drittes Mal und kürzte sie leicht.

Diese Fantasie-Ouvertüre ist ein besonderes Werk im Hinblick auf die symphonische Durcharbeitung im Lichte des Sujets, der erhabenen Liebe, die an den Widrigkeiten der Welt zugrunde geht. Die Partitur zeigt, wie gründlich Tschaikowsky Liszts symphonische Dichtungen studiert hat, insbesondere ihre formale Komplexität und ihre kunstvolle Instrumentation. Tschaikowsky benutzt drei Themen, ein getragenes, das den Pater Lorenzo vorstellen soll, ein *Allegro*-Thema, das für den Kampf steht, und ein Liebesthema, für das eine weitgespannte nobel wirkende Melodie charakteristisch ist, die als erstes im Englischhorn erklingt. Damit verwirklicht er eine von einer poetischen Idee inspirierte musikalische Form, die zugleich den in symphonischen Dichtungen geltenden Gesetzmäßigkeiten eines ersten Symphoniesatzes entspricht bzw. die Dramaturgie einer viersätzigen Form in einer einsätzigen zusammenzieht. Dass sich dieses ernste Werk am Ende nach Dur wendet, mutet versöhnlich an und legt den Gedanken nahe, Tschaikowsky habe hier Frieden im Tode andeuten wollen.

Gleich im Anschluss folgten zwei weitere programmsymphonische Werke, *Der Sturm* (Op. 18, 1873) und *Francesca da Rimini* (Op. 32, 1876). Die Idee und der Programmentwurf zu Shakespeares *Sturm* gehen auf Stassow zurück, der Tschaikowsky in dieser Phase als einen seiner Künstler-Adepten betrachtet haben muss. Er schickte ihm ein kommentiertes Szenarium, aus dem auch ersichtlich wird, wie er sich die musikalische Umsetzung dachte: «Ich würde das Meer zweimal darstellen, am Anfang und am Schluss, aber am Anfang im Vorspiel nur leise und kurz, dann spricht Prospero seine Zauberworte, zerstört die Ruhe und lässt einen Sturm aufkommen.» Die zweite Episode solle Miranda und Ferdinand zeigen, die sich auf der Zauberinsel begegnen, wobei Stassow hervorhebt, dass das Motiv der aufblühenden Liebe Tschaikowskys Talent «bestens entsprechen» werde. Eine dritte Episode solle Caliban und Ariel gelten, sodann ein Bild leidenschaftlicher Liebe zeigen und schließlich die erhabene Figur Prosperos darstellen, der seiner Zaubermacht entsagt, bis das Bild des ruhigen Meeres zurückkehrt. Der Partitur, die 1870 bei Jurgenson im Druck erschien, ist dieses Programm in einer Kurzfassung (russisch und französisch) vorangestellt. Tschaikowsky folgt hier noch deutlicher als in *Romeo und Julia* dem Lisztschen Modell der Mehrsätzigkeit in der Einsätzigkeit: Die Ausdruckscharaktere eines ersten Symphoniesatzes, eines langsamen Satzes, eines Scherzos mit Trio und eines Finales, das zugleich eine Reprise der vorausgehenden Themen einschließt, sind hier klar ausgeprägt. Die Petersburger Kollegen waren begeistert, insbesondere Stassow schwärmte schon nach den ersten Proben von dem Werk. Tschaikowsky selbst bewertete seinen *Sturm* ambivalent.

Der symphonischen Fantasie *Francesca da Rimini* (Op. 32, 1876) ist ein Auszug aus Dantes *Divina Commedia* vorangestellt, die sogenannte Francesca-da-Rimini-Episode aus dem fünften Gesang (V 121–142). Hier berichtet Francesca, wie sie und Paolo Malatesta, sich einander in schüchterner Liebe zuwendend, von ihrem ungeliebten Ehemann Gianciotto, Paolos Bruder, überrascht und getötet wurden und nun für ihre Liebessünde büßen. Besonders diese Szene inspirierte Künstler seit dem 19. Jahrhundert – von John Keats, Silvio Pellico und Paul Heise bis hin zu Gabriele d'Annunzio und Alexander Blok unter den Literaten, von Jean-Auguste-Dominique Ingres, Ary Scheffer und Gustave Doré bis zu Auguste Rodin unter den bildenden Künstlern, von Liszt, Tschaikowsky und Ambroise Thomas bis zu Sergej Rachmaninow und Riccardo Zandonai unter den Komponisten.

Tschaikowsky hatte zunächst eine Oper erwogen, entschied

sich dann aber für ein programmsymphonisches Werk, das er seinem ehemaligen Schüler und Kollegen Tanejew widmete. Entsprechend der Szenerie – Dante und Vergil steigen in den zweiten Kreis der Hölle hinab und verweilen, um Francesca da Rimini zu lauschen – ergibt sich eine Bogenform, deren Rahmenteile die Unterwelt mit dunklen Klangfarben, tiefem Blech, viel Chromatik, schwankender Harmonik und lärmenden Abschnitten im dreifachen Forte charakterisieren. Dem ausgedehnten Mittelteil liegt ein gesangliches Thema zugrunde, das in seiner Schlichtheit volkstümlich anmutet. Tschaikowsky inszeniert diesen Einsatz durch ein einleitendes Orchesterrezitativ und durch eine unbegleitete Klarinetten-Kadenz. Dieses Thema steht für Francesca und ihre Liebe zu Paolo; es wird immer weiter fortgesponnen, variiert und ausgeschmückt, bis der Rahmenteil mit seinen düsteren Klängen wiederkehrt.

Die drei programmsymphonischen Werke gehören zu Tschaikowskys erfolgreichsten Stücken und wurden schon früh international rezipiert. Auch in Russland erfreuten sich diese drei Werke großer Beliebtheit und wurden in den 1880er Jahren mit dem von Mitrofan Beljajew gestifteten, mit 500 Rubeln dotierten Glinka-Preis ausgezeichnet.

Streichquartette

In Russland waren Streichquartette bis weit ins 19. Jahrhundert eine Angelegenheit für Liebhaber, bzw. für professionelle Musiker, die neben ihrem Dienst Quartettspiel pflegten. Erst die Russische Musikgesellschaft ging dazu über, auch Kammermusik in öffentlichen Konzerten zu institutionalisieren. Anton Rubinstein hatte in Leipzig zwei Bände mit je drei Streichquartetten (1855 und 1857) veröffentlicht, in denen er sich am dortigen, nicht am russischen Musikleben orientierte. In Russland hieß Streichquartett in der Regel lediglich ein Stück für vier Streicher. Streichquartette aus der ersten Hälfte des 19. Jahrhunderts, darunter eines von Glinka, waren in Vergessenheit geraten. Die Petersburger Komponisten interessierten sich erst später für Kammermusik.

Tschaikowsky machte als erster Ernst mit dieser «deutschen» Gattung. Sein erstes Streichquartett in D-Dur (Op. 11, 1871) erklang im März 1871 in einem nur seinen Werken gewidmeten Konzert, bei dem auch erstmals das Trio *Natur und Liebe* (1870, für drei Frauenstimmen, Frauenchor und Klavier) aufgeführt wurde. Der elegische Tonfall des Trios und Tschaikowskys eigener hymnischer Text spiegeln möglicherweise die Erschütterung durch die Begegnung mit Sack wider. Das D-Dur-Quartett erweist sich als eine ästhetisch überzeugende Synthese aus klassisch-romantischer Quartett-Tradition und russisch-folkloristischen Themen. Alle vier Sätze kennzeichnen einerseits formale Normen, andererseits aber unregelmäßige Metren, wie sie für manche russischen Volkslieder charakteristisch und seit Glinkas Opern in der Kunstmusik etabliert sind. Im *Andante cantabile* zitiert Tschaikowsky ein populäres lyrisches Lied, das in seiner Sammlung unter Nr. 47 figuriert, ein Lied mit typischem unregelmäßigem Metrum, das vielleicht auch den Ausgangspunkt für die gesamte kompositorische Anlage gab. Es ist ein altes Erntelied, das in einer neueren Variante («Sidel Vanja na divane» – «Saß der Wanja auf dem Sofa») überaus populär war und Lew Tolstoj zu Tränen gerührt haben soll, wie Tschaikowsky berichtet. 1888 arrangierte er diesen Satz als separates Stück für Cello und Streichorchester.

Den im ersten Quartett eingeschlagenen Weg einer Synthese zwischen russischem Idiom und westeuropäischer Kompositionstechnik hat Tschaikowsky im zweiten in F-Dur (Op. 22) nicht weitergeführt. Das dicht komponierte, kontrapunktisch durchgearbeitete Werk entstand zum Jahreswechsel 1873/74, nach den *Six morceaux composés sur un seul thème*, die des toten Freundes Sack gedenken. Es liegt nahe, auch in diesem Quartett einen Widerhall der Trauer zu vermuten. Den ersten Satz charakterisiert harmonische Instabilität, wobei die erste Violine, gleichsam das lyrische Ich des Quartetts, klar im Vordergrund steht. Das *Scherzo*, an zweiter Stelle, ist von unregelmäßigen Metren und Polyrhythmik geprägt. Das *Andante* ist der längste und ausdrucksintensivste Satz. Den Rahmen bildet ein ergreifendes Thema in Moll, das wie ein Gesang ohne Worte wirkt. Der Mittelteil in Dur steigert sich zu immer größerer Klangfülle und einem euphorisch anmutenden Tonfall, so dass die Reprise des Moll-Teils noch trostloser wirkt, zumal sich durch festgehaltene Orgelpunkte immer größere harmonische Spannungen ergeben. Das Finale kehrt nach Dur zurück und ist ein heiteres Rondo, das sich zu einer Fuge steigert. Widmungsträger ist der Großfürst und Hobby-Cellist Konstantin Nikolajewitsch, der 1873 nach dem Tod der Elena Pawlowna die Direktion der Kaiserlichen Russischen Musikgesellschaft übernahm.

Das dritte Streichquartett (Op. 30, 1876) ist dem Andenken an Tschaikowskys Kollegen, den böhmischen Geiger Ferdinand Laub, gewidmet, der im März 1875 überraschend verstorben war. Während man im zweiten Quartett das Echo einer persönlichen Trauer zu vernehmen meint, werden Trauer und Abschied hier offen formuliert, soweit das mit rein instrumentalen Mitteln möglich ist. Schon die Wahl der Tonart, es-Moll, die sehr selten als Grundtonart verwendet wird, weist in diese Richtung. Mit sechs «B» ist sie weniger irreal als as-Moll. Das dritte Quartett beginnt mit einem ausgedehnten, von Pizzicati begleiteten Solo der ersten Geige, so als sei Laub selbst anwesend, bevor ein sehr weitläufiges *Allegro* folgt, das sich nach Dur wendet und eine große Huldigung an die erste Geige darstellt. Ein elegantes, geradtaktiges Scherzo in Dur leitet über in den zentralen Satz, *Andante funebre e doloroso ma con moto*. Den Rahmen bildet ein Trauermarsch, der, mit Dämpfer gespielt, in schweren Akkorden voranschreitet. Der Mittelteil stellt eine imaginäre Totenfeier dar, indem die vier Streicher wie ein Chor den Textrhythmus der Worte «Gospodi pomiluj» (Herr, erbarme dich) artikulieren und die Bratsche mit Tonrepetitionen wie ein psalmodierender Priester antwortet. Das folgende Thema, das zwischen erster Geige und Cello weit ausgesponnen wird, trägt die Vortragsbezeichnungen *piangendo e molto espressivo* und *con dolore*. Das Finale bietet einen leichten Ausklang in Dur. Der Kontrastteil evoziert eine Polka, einen populären böhmischen Tanz, und huldigt damit noch einmal dem Verstorbenen und Widmungsträger.

Tschaikowsky hat nur drei Streichquartette geschrieben. Das erste war eine Positionsbestimmung als Synthese zwischen westeuropäischer Tradition und russischem Idiom. Das zweite lässt solche Fragen hinter sich und ist mit dem Übergewicht des langsamen Satzes möglicherweise eine verdeckte Totenklage. Das dritte ist von vornherein und unmissverständlich als Gedenkkomposition für einen toten Freund gestaltet. Das erste und dritte Quartett wurden schon früh auch im Ausland nachgespielt, das erste 1876 in Boston und London, das dritte 1877 in London. Als das erste Quartett 1881 in Wien erklang, widmete Eduard Hanslick ihm eine selbstgefällige Besprechung, die alle Vorurteile einer bornierten deutschen Kritik in sich versammelt. Eine «bedeutende, scharf ausgeprägte Individualität» billigt er Tschaikowsky nicht zu, wohl aber, und das ist abwertend gemeint, «eine entschieden musikalische Natur, ein leicht gestaltendes Talent, dem es an guten Einfällen nicht fehlt». Natürlich ist Tschaikowsky vom «echten Quartett-Stil, im Sinne unserer Meister, [...] weit entfernt», Hanslick vermisst «die strenge Logik in der Entwicklung der Motive» und bedauert, dass das Eigene im Finale «in gar zu derbem Russisch» und auf einem «tieferen Niveau» zum Ausdruck kommt.

Auf die Verbindung von Kammermusik und Totengedenken kam Tschaikowsky zur Jahreswende 1881/82 zurück, als er beschloss, dem im März 1881 überraschend verstorbenen Nikolaj Rubinstein ein Erinnerungswerk zu widmen. Es trägt den Titelzusatz «Zum Andenken an einen großen Künstler» (Op. 50) und besteht aus zwei langen Sätzen, einem *Pezzo elegiaco* und einem Variationssatz, dessen letzte Variation zu einem großen Finale ausgedehnt ist. Mit der Entscheidung für Klaviertrio, eine Instrumentenkombination, die Tschaikowsky eigentlich nicht mochte, wie er gegenüber Nadeshda von Meck gestand, begründete er eine russische Tradition. Sergej Rachmaninow verfasste 1893 ein *Trio élégiaque* (Op. 9) zum Andenken für Tschaikowsky, und Schostakowitsch schrieb 1944 für seinen früh verstorbenen Freund Iwan Sollertinsky ein Klaviertrio e-Moll (Op. 67).

III. 1876–1878

Der große Umbruch

Mitte der 1870er Jahre geschahen zwei Ereignisse in Tschaikowskys Leben, deren Tragweite erst in den folgenden Jahren absehbar wurde: die Eheschließung mit Antonina Miljukowa und der Beginn der Brieffreundschaft mit Nadeshda von Meck. Beides, die letztlich verhängnisvolle Entscheidung zu heiraten und die tiefe platonische Beziehung zu Nadeshda von Meck, hatte unmittelbare Auswirkungen auf sein Schaffen und führte zu neuen künstlerischen Konzeptionen, die paradigmatisch in der vierten Symphonie und in der Oper *Eugen Onegin* Gestalt gewannen.

Tschaikowsky und die acht Jahre jüngere, aus einfachen Verhältnissen stammende Antonina Miljukowa begegneten sich erstmals 1872. Aus ihren Aufzeichnungen geht hervor, dass sie den Komponisten von Anfang an heimlich liebte, schon als sie als Studentin ins Konservatorium eintrat. Wie es um Tschaikowskys Lebenssituation damals stand, geht aus erst jüngst bekannt gewordenen Familienbriefen hervor, in denen er sich gegenüber den Zwillingsbrüdern in aller Offenheit aussprach. An Anatolij schrieb er Anfang Januar 1875, wenige Tage nachdem Rubinstein sein Klavierkonzert verrissen hatte, er fühle sich einsam, ohne die Arbeit würde er in Trübsal versinken. «Und auch das ist richtig, dass die verfluchte Homosexualität zwischen mir und den meisten Menschen einen unüberschreitbaren Abgrund bildet.» Im Sommer 1876 erfuhr er, dass sein Bruder Modest gleichfalls homosexuell war. In dem Brief, in dem er ihn ermahnte, dass Homosexualität und Pädagogik inkompatibel seien, teilte er ihm auch mit, dass er sich entschlossen habe zu heiraten: «Das ist unvermeidbar. Ich muss das tun, und zwar nicht nur für mich, sondern auch für Dich und für Tolja und für Sascha und für alle, die ich liebe.»

Der Plan der Eheschließung stellte sich Tschaikowsky als Erfüllung einer Pflicht gegenüber der Familie und sich selbst dar. Im September 1876 gestand er dem Bruder Modest, dass die Heiratspläne so dringlich nicht seien, denn er habe «so eingefleischte Gewohnheiten und Neigungen», dass er sie «nicht sogleich wie einen alten Handschuh abwerfen» könne. «Außerdem bin ich weit davon entfernt, einen eisernen Charakter zu haben und habe nach meinen letzten Briefen an Dich schon etwa dreimal der Stärke meiner natürlichen Triebe nachgegeben.»

Mitte dreißig, Professor am Konservatorium, eine respektable Moskauer Persönlichkeit und als Komponist am Anfang einer internationalen Karriere, machte Tschaikowsky sich offenbar mehr und mehr klar, dass er eine gesellschaftlich akzeptierte Lösung für seine «Neigungen» finden musste. Homosexualität war im Zarenreich selbstverständlich strafbar. Poznansky, der das im Zusammenhang mit Tschaikowskys Tod umfassend untersucht hat, konnte nachweisen, dass es geradezu systematische Vertuschung gab, durch die sich die Betroffenen, jedenfalls die aus dem Adel und der besseren Gesellschaft, auch gegenseitig schützten und sicher fühlen konnten. Dennoch blieben eine grundsätzliche Unsicherheit und vor allem das Getuschel in der Öffentlichkeit. Die Lösung des Problems hieß «Ehe». Tschaikowsky sah sich nun an dem Punkt, eine Entscheidung zu treffen. Darüber sprach er sich, auch brieflich, mit den Zwillingsbrüdern aus. In diesem geschützten Rahmen gestand er sich seine Homosexualität nicht nur ein, sondern sprach auch darüber, dass und wie er sie auslebte. Andererseits litt er an seinem Außenseiterdasein; auch muss er sich den beiden jüngeren Brüdern gegenüber verantwortlich gefühlt haben. Aus familiärem Pflichtgefühl heraus, aber auch um seiner Stellung in der Öffentlichkeit willen, vor allem aber in der Hoffnung, durch ein gesellschaftlich achtbares Leben als verheirateter Mann als «normal» wahrgenommen werden zu können, beschloss er zu heiraten. Aus dem Kontext wird klar, dass es ihm lediglich um den Status ging, es war eine abstrakte Idee ohne eine konkrete Frau im Blick zu haben – «mit wem es auch sei».

Am 26.3.1877 schickte Antonina Miljukowa dem ihr nur flüchtig bekannten Tschaikowsky einen Liebesbrief. Er muss darin die Chance erblickt haben, den angestrebten Status erreichen zu können. Es entspann sich eine Korrespondenz, und schon im Mai 1877, noch bevor sie sich überhaupt wiedergesehen hatten, offenbarte sie, dass sie ihn «auf ewig» liebe, ohne ihn «nicht leben» könne und «wohl bald ein Ende» mit sich machen wolle. «Nur einmal möchte ich Sie noch sehen und küssen, damit ich auch im Jenseits dieses Kusses gedenken kann.» Tschaikowsky, den der Gedanke an Suizid stets mit Entsetzen erfüllte, nahm diese operettenhafte Drohung offenkundig ernst. Auch hatte er zu dieser Zeit begonnen, sich intensiv mit dem *Onegin*-Stoff zu beschäftigen. Sein Titelheld erhält von der jungen Tatjana einen schwärmerischen Liebesbrief, den er als Kinderei abtut und damit erst Tatjana, später sich selbst ins Unglück stürzt. Tschaikowsky wollte sich korrekter verhalten als sein Opernheld. «Die Gestalt Tatjanas erschien mir lebendig mit allem, was sie umgab. Ich liebte Tatjana und war über Onegin, in dem ich einen kalten, herzlosen Gecken sah, empört», zitiert Kaschkin Tschaikowsky in seinen Erinnerungen.

Die Konstellation aus seiner Lebenssituation, einer überspannten 28-jährigen Frau und der Parallele zum Opernstoff, an dem er gerade zu arbeiten begann, muss Tschaikowsky zu der Überzeugung gebracht haben, dass der Schritt in die Ehe moralisch die richtige Antwort auf alle Probleme war. Am 20.5.1877 besuchte er Antonina Miljukowa und versprach ihr, so berichten es seine Biographen, die Ehe und seine «brüderliche» Liebe, was sie akzeptiert haben soll. Wie es in seiner Seele aussah, erfährt man aus einem Brief, den er drei Tage später an Bruder Modest sandte. Hier ist von Liebe die Rede, aber von der zu dem Geiger Iosif Kotek, der ihn ein Jahr später bei seinem Violinkonzert beraten sollte. In ihn sei er «bis zum Wahnsinn verliebt», aber vor einem verkrüppelten Finger Koteks verspüre er Ekel, er sinniert diesen sich widersprechenden Empfindungen ausführlich nach und legt dem Brief ein Foto vom Mai 1877 bei, das «auf dem Höhepunkt meiner letzten Leidenschaft aufgenommen» wurde.

Von den Heiratsplänen setzte Tschaikowsky seine Familie erst Ende Juni 1877 in Kenntnis. Fast entschuldigend schrieb er an Bruder Anatolij, er habe sich Ende Mai verlobt und werde Anfang Juli in aller Stille heiraten. Aus schlechtem Gewissen vor der Familie wolle er sich nun doch offenbaren und legte einen Brief an den Vater bei, um dessen Segen zu erbitten. «Ich habe ganz vernünftig gehandelt und unternehme diesen so wichtigen Lebensschritt in voller Ruhe», fügte er hinzu. Anders als acht Jahre zuvor in der Désirée-Artôt-Episode ist von Liebe keine Rede mehr. Im Gegenteil, Tschaikowsky erwartete von seiner Ehefrau, dass sie Ruhe und Ordnung in sein Leben bringen würde.

Die Hochzeit fand am 6.7.1877 in der Moskauer St. Georg-Kirche statt. Die Trauung vollzog der Priester und Konservatoriumskollege Rasumowsky, Tschaikowskys Trauzeugen waren, seinem Wunsch folgend, sein Bruder Anatolij und Kotek.

Ende 1876 trat Nadeshda von Meck in Tschaikowskys Leben, die 46-jährige Witwe des in diesem Jahr verstorbenen Eisenbahningenieurs Karl von Meck und Mutter von elf, zum Teil schon erwachsenen Kindern. Sie kümmerte sich um den Nachlass ihres Mannes – ein Finanzimperium aus Eisenbahnlinien und Gütern – und muss eine ebenso kompetente Verwalterin wie exaltierte Musikliebhaberin gewesen sein. Ihre Situation gestattete es ihr, speziell die Musik durch Zuwendungen an die Russische Musikgesellschaft und an junge Musiker zu fördern. In ihrem Haus wurde regelmäßig musiziert, sie engagierte, auch als Lehrer für ihre Kinder, Nikolaj Rubinstein, Henryk Wieniawski, den jungen Claude Debussy und Studenten des Konservatoriums, unter ihnen Kotek, der ihr von Tschaikowsky vorgeschwärmt haben mag und über den ihn der außergewöhnlich hoch dotierte Auftrag für einige Arrangements erreichte. Ihr erster Brief an Tschaikowsky (vom 18.12.1876) ist der Dank für diese Tätigkeit. Daraus entwickelte sich eine jahrelange Korrespondenz (die sowjetische Ausgabe, 1934–1936, umfasst 1204 gegenseitige Briefe). Die beiden einigten sich darauf, ausschließlich schriftlich miteinander zu verkehren. Wie konsequent das gehandhabt wurde, sei dahingestellt. In Modest

Tschaikowskys Darstellung wird daraus eine romantisch-geheimnisvolle Beziehung: «Wenn sie sich zufällig begegneten, so gingen sie aneinander vorüber wie zwei ganz fremde Menschen. Sie verkehrten nie anders als nur schriftlich und starben beide, ohne dass einer jemals des anderen Stimme gehört hatte.»

Als Tschaikowsky im Begriff war zu heiraten, hatte sich sein Verhältnis zu Nadeshda von Meck zu einer innigen, streng platonischen Liebesbeziehung entwickelt. Am 7.3.1877 sandte sie ihm, nachdem er sie ausdrücklich dazu eingeladen hatte, ihre Gefühle zu äußern, einen langen, schwärmerischen Brief, in dem sie sich auch eine Fotografie von ihm ausbat. In dieser Liebeserklärung setzte sie Mensch und Werk in eins, um im Werk den Menschen zu verklären und in eine Projektionsfläche zu verwandeln, welche Sehnsucht, Enttäuschungen, Träumereien und Fantasien aller Art in sich aufnehmen kann. Nadeshda von Meck war klug und erfahren genug, um zu wissen, dass der echte Mensch in seiner Alltäglichkeit so einem Idealbild nicht entsprechen kann. Den Ton, den sie in diesem Brief anschlägt, greift Tschaikowsky in seiner eine gute Woche später verfassten Antwort insofern auf, als er sich offenbart, von seiner Vereinsamung spricht, seiner Dankbarkeit für so viel Verständnis mitfühlenden Ausdruck verleiht und die gewünschte Fotografie beilegt.

Diese ins Geistige und Künstlerische sublimierte Liebesbeziehung hatte also ihre spezifische Gestalt angenommen, als Tschaikowsky in den Stand der Ehe trat, und er glaubte, Nadeshda von Meck über diesen Schritt Rechenschaft ablegen zu müssen. Der Brief, den er ihr nach fünfwöchiger Pause und drei Tage vor dem Hochzeitstermin schickte, stellt die Angelegenheit seltsam distanziert dar. Nach einleitenden Entschuldigungen für die verspätete Antwort bekennt er, er habe sich zu seiner «Überraschung Ende Mai verlobt». Im Rückblick scheine es ihm, als habe ihn «eine geheimnisvolle Macht» getrieben. Er wirft sich vor, leichtsinnig gehandelt zu haben und berichtet auch von den Selbstmorddrohungen der jungen Frau. «So stand ich nun vor der schwierigen Entscheidung: meine Freiheit zu bewahren und das Mädchen ins Verderben zu stürzen (Verderben ist hier kein leeres Wort, denn sie liebt mich wirklich grenzenlos) oder sie zu heiraten. Ich konnte nur das letztere wählen.» Obwohl er ihr alle Nachteile einer Ehe mit ihm vor Augen geführt habe, habe sie den Antrag angenommen. Die zukünftige Ehefrau beschreibt er als «recht hübsch», «anscheinend gutherzig und einer starken, treuen Zuneigung fähig». Welche Bedeutung Nadeshda von Meck für ihn hat, wird aus der Fortsetzung dieses wichtigen Briefes deutlich, denn er teilt ihr mit, dass er ihr die soeben vollendete vierte Symphonie widmen werde, und gesteht sich selbst und ihr unter dem Siegel der Verschwiegenheit, dass er «ohne Liebe» heirate, «nicht anders handeln» könne und auf die erste Liebeserklärung der Antonina Miljukowa nicht hätte antworten dürfen.

Gewiss nimmt Tschaikowsky in diesem langen Brief auf Nadeshda von Mecks Gefühle Rücksicht, aber er spricht auch zu sich selbst und redet sich ein, er sei in diese Situation hineingeschliddert und müsse nun, als ein braver Christ, sein Kreuz in Gestalt eines Ehelebens tragen, indem er diesen Schritt als Akt der Menschenliebe und der Selbstopferung vollzieht. «Ich kann die schrecklichen Gefühle, die mich seit diesem Abend quälen, nicht beschreiben.» Dabei hatte er sich selbst das Ziel gesetzt, zu heiraten und auf diese Weise «Normalität» in sein Leben zu bringen. Als er sein Handeln drei Tage vor der Hochzeit schreibend reflektierte, muss ihn Grausen gepackt haben bei dem Gedanken an einen dauerhaft geregelten Alltag, wie er ihn auf Zeit, etwa bei den Besuchen seiner Schwester Sascha und ihrer Familie, durchaus schätzte. Und ihm muss auch klar geworden sein, dass er seine «Neigungen» nicht in ein gesellschaftlich sanktioniertes Sexualleben würde umwandeln können. Die Aussicht auf das Eheleben irritierte ihn derart, dass er gleich nach dem Heiratsantrag (am 23.5.1877) für vier Wochen zu Konstantin Schilowsky auf dessen Landsitz in Glebowo, unweit von Moskau, entfloh. Schilowsky hatte ihn bei der Einrichtung des *Eugen-Onegin*-Librettos unterstützt, und in diesen vier Wochen fand er die Ruhe, beginnend mit der berühmten Brief-Szene, etwa zwei Drittel der Oper zu Papier zu bringen.

Tschaikowsky kehrte erst kurz vor dem Hochzeitstermin

nach Moskau zurück. Gleich nach der Hochzeit unternahm das Paar eine einwöchige Hochzeitsreise nach Petersburg und bezog dann die gemeinsame Wohnung in Moskau. Nach 14 Tagen verschwand er für knapp sechs Wochen zu seiner Schwester nach Kamenka und kehrte Mitte September 1877, zu Semesterbeginn, in die eheliche Wohnung zurück. Aus den Erinnerungen Kaschkins geht hervor, dass er die Eheschließung gegenüber dem Freundeskreis und den Kollegen geheim gehalten hatte. Umso schwieriger haben sich die folgenden Tage – mit Einladungen, Smalltalk, dem Vorspielen eines friedlichen Ehelebens – für ihn gestaltet. Der Widerspruch zwischen dem Gefühl, in einer ausweglosen Situation festzusitzen, und nach außen den frisch verheirateten Ehemann zu spielen, muss ihn dem Wahnsinn nahe gebracht haben. Ein fingiertes Telegramm soll ihn Ende September nach Petersburg gerufen haben. Offenbar kam er in einer so erbarmungswürdigen Verfassung dort an, dass ein Nervenzusammenbruch folgte. Nach Kaschkins Erinnerungen wurde ein Nervenarzt hinzugezogen, der eine längere Auslandsreise verordnete. So brach er gemeinsam mit seinem Bruder Anatolij zu einer Reise nach Westeuropa auf, von der er erst im September 1878 zurückkehrte, um seine Unterrichtsverpflichtungen wieder aufzunehmen. Zwei Monate später kündigte er den Dienst am Konservatorium, was er mit gesundheitlichen Problemen begründete. Tschaikowskys Ehe währte also keine drei Monate, von denen er etwa fünf Wochen mit seiner Frau verbrachte. Er hatte den Ehestatus gewollt, um sich und seine Familie vor Gerede zu schützen, und Antonina Miljukowa hatte offenkundig davon geträumt, die Frau eines berühmten Komponisten zu sein. Beiden ging es nicht um den Menschen, sondern um den gesellschaftlichen Status bzw. um eine Fiktion. Ihm war von Anfang an klar, dass die Ehe nicht mehr als eine Fassade sein konnte, und er betonte immer wieder, seine Frau darüber nicht im Unklaren gelassen zu haben. Sie hatte sich offenbar Reputation erhofft, den Weg dahin wählte sie über eine exaltierte Verliebtheit. Nach der Hochzeit musste sie erkennen, dass auch ein freundschaftliches Zusammenleben mit ihrem Mann nicht möglich war. Dennoch widersetzte sie sich einer

Scheidung. So blieb Tschaikowsky zeitlebens an seine Frau gebunden. Der Kontakt mit ihr, wiewohl auf ein Minimum reduziert, bedeutete für ihn eine immer wiederkehrende seelische Belastung, wie aus seinen Tagebüchern hervorgeht. Dennoch unterstützte er sie finanziell, bis sie in einer anderen Beziehung lebte, aus der drei Kinder hervorgingen; später nahm er die monatliche Unterstützung wieder auf und versorgte sie über seinen Tod hinaus durch sein Testament mit einer monatlichen Zahlung. Nach Tschaikowskys Tod wurde Antonina Tschaikowskaja gemütskrank, sie starb 1917 in einem Hospital für psychisch Kranke.

Man kann sagen, dass Antonina Miljukowa ihre Existenz durch die Ehe mit Tschaikowsky ruinierte. Auch Tschaikowsky war das Risiko eingegangen, seine Existenz durch diese Ehe zu ruinieren. Dass er nach drei Wochen ehelichen Zusammenlebens in den Moskwa-Fluss gestiegen sei, um sich zu ertränken, soll er Kaschkin erzählt haben. Sicher ist nur seine äußerst verzweifelte Situation, die ihn Hals über Kopf aus Moskau fliehen ließ. Mit seinem plötzlichen Verschwinden gefährdete er seine Stellung. Das Kollegium deckte ihn jedoch, indem man eine ernste Erkrankung vorschob, die eine Kur notwendig mache. Die Korrespondenz mit Nadeshda von Meck war in dieser kritischen Phase intensiver geworden. In ihr fand Tschaikowsky den Menschen, dem er alle seine Ängste und Sorgen offen anvertrauen konnte. Seine Flucht aus Moskau führte vermutlich auch zu einer Stagnation des Briefwechsels, weil sie nicht wusste, wo er sich aufhielt. Am 23.10.1877 schickte er ihr aus dem schweizerischen Clarens einen langen Bericht, in dem er die Gründe seiner Flucht schildert, den Nervenzusammenbruch in Petersburg, die Ausreden, die man für die Öffentlichkeit vereinbart hatte, die Angst, sich der Familie erklären zu müssen. Der Bericht schließt mit einer Bitte um Geld. Daraufhin löste Nadeshda von Meck dieses Problem grundsätzlich, indem sie Tschaikowsky eine jährliche Apanage von 6000 Rubeln anbot. Damit ermöglichte sie ihm, den Dienst am Konservatorium ruhen zu lassen und ins Ausland zu entschwinden. Nach Ablauf eines Jahres, Ende 1878, muss die Freundschaft zwischen Nadeshda von Meck und Tschaikowsky so tief gefestigt gewesen sein, dass er es wagte, den ungeliebten Dienst endgültig zu quittieren.

Die vierte Symphonie und Eugen Onegin

Das Kapitel Ehe war für Tschaikowsky zutiefst kräftezehrend und geradezu traumatisch. Umso erstaunlicher ist es, dass sein Schaffen in diesen drei Jahren eine qualitativ neue Stufe erreichte, die in den beiden großen Werken, der vierten Symphonie (Op. 46, f-Moll) und der Oper *Eugen Onegin* (Op. 24), Ausdruck findet. Er arbeitete an beiden Werken parallel, mit Skizzen zur Symphonie begann er im März 1877, mit der Oper befasste er sich seit Mai 1877. Im Dezember 1877 war die Symphonie, im Januar 1878 die Oper vollendet.

Die Arbeit an der vierten Symphonie zog sich über die gesamte Zeit der Miljukowa-Episode hin. Dass Tschaikowsky das Werk unter der anonymen Formulierung «meinem besten Freund» Nadeshda von Meck widmete, lässt ahnen, welche Stütze sie ihm in dieser Phase war. Die Uraufführung am 10.2.1878 unter Nikolaj Rubinsteins Leitung in Moskau hat Tschaikowsky nicht miterlebt. Er war zu der Zeit in Italien und erhielt von seiner Brieffreundin einen ausführlichen Bericht, für den er sich mit einem detaillierten, mit Notenbeispielen unterlegten Programm zur Symphonie bedankte. Der Komponist verfasste also im Nachhinein, quasi als Hörhilfe für die Freundin, einen Text, der den symphonischen Verlauf als Parabel über die Hoffnungen und Enttäuschungen des Lebens schildert. Das Novum dieser Symphonie ist ein übergreifendes Motto-Thema, das den ersten Satz beherrscht und am Ende des Finales wie ein Memento Mori wiederkehrt. Die Idee, die Berlioz als «Idée fixe» in seine *Symphonie fantastique* einführte und dort als Signum der treulosen Geliebten des musikalischen Ichs durch alle Sätze ziehen lässt, gewinnt bei Tschaikowsky neues Profil. War sie bei Berlioz zugleich Hauptthema des ersten Satzes und in den Folgesätzen gemäß dem unsteten Charakter der dargestellten Figur höchst unterschiedlich dargestellt, so bleibt das Motto-Thema bei Tschaikowsky stets unverändert. Es greift nicht als musikalisches Thema, sondern als eine kategorial anders klingende Gestalt gleichsam von außen in die Dramaturgie der Symphonie ein. Diese besondere Wirkung erreicht Tschaikowsky, indem er das Motto wie eine Fanfare in den Bläsern im Fortissimo voranstellt. Da die Blechbläser im Vordergrund stehen, mag man sich an die Posaunen des Jüngsten Gerichts erinnert fühlen. «Das ist das Fatum», sagt er von dem Motto-Thema, «eine Macht, die wie ein Damoklesschwert über unserem Haupte schwebt und unsere Seele unentwegt vergiftet. Sie ist unbesiegbar, nie wird man sie überwältigen.»

Die Hauptthemen des ersten Satzes wirken gegenüber dem Motto bescheiden, fast schüchtern, und sie werden unter dem Einfluss des Motto-Themas, das in der Durchführung an mehreren Stellen hereinbricht, in der Reprise verändert, gleichsam deformiert. Der langsame Satz, *Andantino in modo di canzone*, wird von einem schlichten, gesanglichen Oboenthema geprägt, dem sich ein Streicherthema von warmer Leuchtkraft hinzugesellt. Der Mittelteil erinnert an einen ländlichen Tanz; im Schlussteil dann löst sich das gesangliche Anfangsthema mehr und mehr in einzelne Phrasen auf, so dass der Eindruck von bruchstückhaften Erinnerungen entsteht, von denen in den Erläuterungen für Nadeshda von Meck die Rede ist. Die dunkle Tonart b-Moll verleiht dem Satz einen melancholischen Grundzug. Das geradtaktige Scherzo lebt demgegenüber von der Eleganz der Pizzicato-Effekte, die Tschaikowsky für die Rahmenteile durchweg verlangt.

Das Finale beginnt mit einer großen, lärmenden Geste des gesamten Orchesters, die im Verlauf des Satzes mehrfach wiederkehrt. Das Hauptthema ist das allbekannte russische Volkslied «Auf dem Feld stand eine Birke», das Balakirew zuvor in seiner *Ouvertüre über drei russische Volksliedthemen* verarbeitet hatte. Tschaikowsky entwickelt daraus eine Variationsreihe, für die wiederum Glinkas Orchesterfantasie *Kamarinskaja* als Vorbild diente. Allerdings verzichtet er offenbar ganz bewusst auf die kleinen melodischen Verzierungen, die den Reiz des schlichten Liedes ausmachen, so dass zwei geradezu banale zweitaktige Motive übrigbleiben, die zumal in mehrfacher Wiederholung und am Schluss im dreifachen Forte zu einem Sinnbild geistiger Leere, tendenziell auch grober Gewalt werden. Am Ende des Satzes bricht das Motto-Thema mit dem gesamten Bläserapparat im dreifachen Forte wie eine Schreckensfanfare ins symphonische Geschehen ein. Dann folgt eine Auflösungspartie, aus der sich das Finalthema und seine rauschende Eröffnungsgeste erst nach und nach zur finalen Apotheose erheben. Das Verfahren, den symphonischen Prozess durch ein übergeordnetes Thema zu irritieren und nahezu aufzulösen, kehrt später bei Gustav Mahler wieder, der Tschaikowsky ausdrücklich geschätzt hat.

Tschaikowskys programmatischer Kommentar ist ein literarischer Text neben der Symphonie, der ihre musikalische Dramaturgie nur teilweise berührt: Das Volksliedzitat erhält durch seine reduzierte Gestalt und die Verbindung mit dem Motto-Thema eine zusätzliche Dimension, die nicht nur auf die Huldigung an ein nationales musikalisches Idiom und Volksfeststimmung weist, sondern auch der Charakteristik des imaginären Helden dient, dem die Fröhlichkeit äußerlich, vielleicht auch schal erscheint. Eine solche Psychologisierung der Symphonik, gleichsam die Einführung eines «symphonischen Ichs», geht auf die Auseinandersetzung mit westeuropäischen Vorbildern (Berlioz, Liszt) zurück und bedeutet im Rahmen der russischen Musik eine Innovation, wie sie die Komponisten des «Mächtigen Häufleins» nicht angestrebt haben.

Die Idee der Altistin Elisaweta Lawrowskaja, aus Puschkins *Eugen Onegin* eine Oper zu machen, fand Tschaikowsky zunächst «sehr kurios», wie er seinem Bruder Modest mitteilte. Mit dem gleichen Brief vom Mai 1877 schickte er ein komplettes Szenarium, das er mit Schilowsky entworfen hatte. Das Libretto, das daraus hervorging, unterscheidet sich von Puschkins *Eugen Onegin* (1833) durch eine grundsätzlich andere ästhetische Ausrichtung. In dem kunstvoll komponierten Versdrama geht es einerseits um einen innerpoetologischen Diskurs, andererseits um die kritisch-ironische Darstellung Onegins als russische Variante des westeuropäischen Intellektuellen, der am «Spleen» leidet wie Lord Byrons Helden, den der Überdruss an den Dingen des Lebens erfasst hat und der sich dem «ennui» hingibt wie die französischen Künstler der Zeit. Zugleich ist Puschkins Onegin ein eitler Geck, der mit Halbbildung Eindruck macht, eine geistig leere Figur, die anderen aus Gleichgültigkeit Schaden zufügt, erst dem Dichter Vladimir Lensky, den er, weil ihn die Ballgesellschaft im Hause Larin langweilt, zu einem Duell provoziert und tötet, dann Tatjana, deren schwärmerische Verliebtheit er lächerlich macht. Puschkins Alter Ego, der Ich-Erzähler des Romans, liebt Tatjana für ihre Natürlichkeit und Naturverbundenheit, für ihre Aufrichtigkeit und ihre Empfänglichkeit für Literatur. Dieser Erzähler klärt den Leser auch darüber auf, dass der Frauenname Tatjana (Tanja) durchaus als altmodisch, ja als vulgär galt und es sei ungewöhnlich, dass die Gutsbesitzerfamilie Larin ihre Tochter so genannt habe. Mit dieser Namensgebung aber macht Puschkin Tatjana zu einer gleichsam ursprünglichen, echten russischen Figur. (Dank Puschkin und Tschaikowsky ist Tatjana bis in die Gegenwart ein überaus beliebter Vorname.) Am Ende hat sie den Fürsten N. geheiratet, sie hat ihre innere Freiheit bewahrt und ist nun für Onegin unerreichbar. Puschkins Schluss ist zweigliedrig. Er lässt Onegin nach der Aussprache mit Tatjana wie «vom Blitz getroffen» stehen und bricht die Handlung mit dem Erscheinen des Fürsten in dem Moment ab, in dem es für Onegin, als Ehebrecher verdächtigt, gefährlich werden kann. Die letzten drei Strophen richten sich auf synthetische poetologische Reflexionen.

Das Libretto extrahiert daraus eine Handlung, die zu Beginn szenisch und musikalisch in ein ländliches Ambiente eingebunden wird. Die Larin-Töchter Olga und Tatjana singen eine «alte Romanze», Textgrundlage ist Puschkins frühes Gedicht *Der Sänger*, das Mutter Larina und die Kinderfrau an vergangene, unerfüllt gebliebene Liebe erinnert, die dann dem Alltag der Ehe hat weichen müssen. Mit diesem sentimentalen Rückblick, den die fröhlich singenden Bauern kontrastieren, wird eine Idylle geschaffen, in die der Auftritt Lenskys und Onegins hereinbricht und die folgende Tragödie herbeiführt. Das Libretto übernimmt einzelne Verse, insbesondere wörtliche Reden, aus dem Versdrama, zielt aber auf die Profilierung der Charaktere durch die Musik und eröffnet dem Stoff auf diese Weise Dimensionen, die auf literarischem Weg nicht zugänglich sind. Dazu gehört vor allem das Offenlegen seelischer Empfindungen, die Tschaikowsky allen vier Hauptfiguren zubilligt, der bei Puschkin leichtfertigen Olga, dem bei Puschkin belächelten Poeten Lensky, der zum Abschied vom Leben eine große Arie bekommt, und vor allem dem Hauptpaar. Tatjanas Briefszene, die bei Puschkin vorgeprägt ist, zeichnet die feinsten Regungen dieser jungen Seele nach, so dass dafür eine freie Form notwendig ist, die den Rahmen einer traditionellen Opernarie bei weitem überschreitet. Onegins erste Arie, seine pseudoüberlegene Antwort auf Tatjanas Liebesbrief, spielt im blühenden Garten der Larins und wird szenisch wie musikalisch von einem Chor von Pflückerinnen eingerahmt. Sein Fazit, in das der Chor hineinklingt, ist von Puschkin wörtlich übernommen: «Drum lernen Sie sich überwinden, / denn solche Unerfahrenheit / bringt oft sich selber Weh und Leid.» Der Kontrast zwischen der friedlichen Alltäglichkeit und der für Tatjana zutiefst verletzenden Rede Onegins wird über die konträre Musik formuliert.

Die Kränkung der Tatjana greift Tschaikowsky deutlicher als Puschkin am Ende wieder auf. Onegin, der wegen des Duells 16 Jahre abwesend war und nun bei einem Petersburger Ball erscheint, trifft hier auf Tatjanas Ehemann, dem Tschaikowsky einen Namen, Fürst Gremin, und eine «mit edler Würde» vorzutragende Arie zubilligt. Nun, da Tatjana als Fürstin unerreichbar für Onegin geworden ist, sagt Puschkin von ihm, er sei «wie ein Kind verliebt» und lässt ihn gleichfalls einen Liebesbrief schreiben, den sie selbstverständlich nicht beantwortet. Tschaikowskys Onegin schreibt keinen Brief; die Analogie der Situation veranschaulicht die Musik, indem Onegin in seiner letzten Arie auf den Text «Ich täusch mich nicht, ich liebe» die Melodie singt, mit der Tatjana ihren Liebesbrief an Onegin begonnen hatte. Diese musikalische Koinzidenz und die folgende Aussprache, die Onegin als seelisch Vernichteten zurücklässt, fokussiert die zentrale Aussage, dass sich hier zwei Liebende durch Umstände verpasst haben, für die die Figuren nur teilweise verantwortlich gemacht werden können. Dieser tragischen Perspektive, die der heftige, abrupte Schluss in Moll unterstreicht, steht Onegins Selbstmitleid entgegen – «Verschmäht, verstoßen! O welch hartes Los!» –, es sei denn, man überträgt diese letzten Worte auf beide, Tatjana und Onegin.

Das russische Idiom, das Tschaikowsky im *Opritschnik* und seinen Petersburger Kollegen generell wichtig war, spielt hier eine dezentere Rolle. Als Couleur locale nach guter alter Operntradition wird es in den Chören der Bauern und der Pflückerinnen greifbar. In der Melodik der Solostimmen und im Orchestersatz klingt es allenfalls vermittelt an, etwa in dem kurzen, charakteristischen Motiv einer dreimalig absteigenden, markanten Linie (*es-d-b-cis, cis-c-a-b, b-a-g*), mit der die Oper beginnt und deren Gestus mit den engen chromatischen Intervallen einen melancholisch-verträumten Charakter evoziert, den Tschaikowsky der Tatjana-Figur als Grundzug zuweist.

Generell arbeitet Tschaikowsky hier mit Intonationssphären, die die Figuren klanglich und musikalisch-thematisch voneinander abgrenzen (die Verwendung des Terminus Intonation in diesem Sinne geht auf den Musikwissenschaftler Boris Assafjew zurück). Mit einem Leitmotiv-System nach Wagners Vorbild hat das nichts zu tun. Im Gegenteil, *Eugen Onegin* orientiert sich, so scheint es, am älteren Modell der Nummernoper, das leitmotivische Verfahren entwickelt hatte. Tschaikowsky war 1876 als Berichterstatter der *Russischen Nachrichten* zur Einweihung des Bayreuther Festspielhauses und zur Uraufführung des *Ring des Nibelungen* gereist. Sein Bericht ist, wie alle seine Kritiken, sachlich und objektiv gehalten. Er fragt sich aber, ob Wagner nicht «das Prinzip des ästhetischen Gleichgewichts, das allein die Dauerhaftigkeit eines Kunstwerks gewährleisten kann, verletzt» habe. Sicher sei jedoch, dass in Bayreuth etwas geschehen sei, das «noch unsere Enkel und Urenkel beschäftigen wird». Das Fazit zeugt von Respekt und von tiefer Skepsis.

Hermann Laroche hat zu Recht in Erwägung gezogen, dass *Eugen Onegin* eine künstlerische Antwort auf Wagner darstellen könnte: Tschaikowsky verzichtet auf den Terminus Oper, er spricht stattdessen von «lyrischen Szenen», was auf eine zwar chronologische, aber nicht zusammenhängende Handlung weist, denn gezeigt werden drei Tragödien der drei Hauptfiguren (Tatjana, Lensky, Onegin), und das Sujet ist in der jüngsten Vergangenheit angesiedelt, bringt also quasi Zeitgenossen auf die Bühne. Tschaikowsky entscheidet sich für Gesang und vokale Formen, das heißt auch, gegen einen großen symphonischen Apparat. Seinem Wunsch entsprechend wurde *Eugen Onegin* von Studierenden des Moskauer Konservatoriums uraufgeführt, am 17.3.1879 im Kleinen Theater. Die Uraufführung mit professionellen Sängern fand am 11.1.1881 im Großen, im Bolschoj-Theater statt. Modest Tschaikowsky weist darauf hin, dass die studentische Aufführung nur mäßig erfolgreich war, auch deshalb, weil es das Publikum irritierte, Personen in Alltagskleidung auf der Bühne zu sehen.

Tschaikowsky selbst muss von Anfang an klar gewesen sein, dass er mit *Eugen Onegin* neue, das heißt gegenüber seinen Komponistenkollegen untypische Wege beschritt. Schon im Mai 1877, als er Bruder Modest das Szenarium mitteilte, fügte er mit Seitenblick auf Giuseppe Verdi hinzu: «Wie froh ich bin, den üblichen Pharaonen, äthiopischen Prinzessinnen, Vergiftungen und dergleichen Puppengeschichten aus dem Wege gegangen zu sein!» Im gleichen Sinne heißt es an Nadeshda von Meck: «Der Inhalt ist schlicht, Bühneneffekte fehlen völlig, und die Musik besitzt weder Glanz noch Durchschlagkraft.» Die Oper könne nur jene zufriedenstellen, «die in diesem musikalischen Werk keine theatralischen Effekte und keine Tragik, sondern alltägliche schlichte Gefühle suchen, die der ganzen Menschheit gemein sind.» Im Briefwechsel mit Tanejew, dem Tatjanas plötzliche Verliebtheit nicht einleuchtete, erläuterte er, dass Tatjana Onegin schon vor seinem Erscheinen als unbestimmten Romanhelden liebte. «Onegin brauchte sich nur zu zeigen, und sofort versah sie ihn mit allen Eigenschaften ihres Ideals und übertrug auf einen lebenden Menschen jene Liebe, die sie zum Kind ihrer hitzigen romantischen Phantasie empfand.» In der Diskussion mit Tanejew, dem das Opernhafte an dem Stoff fehlte, entstand auch die Idee, das Opus «Lyrische Szenen» zu nennen. Nun, nach Vollendung des *Eugen Onegin*, distanzierte sich Tschaikowsky noch deutlicher nicht nur von Verdi, sondern auch von seinen Petersburger Kollegen. Im selben Brief (vom 14.1.1878) an Tanejew heißt es: «Ich brauche keine Zaren, Zarinnen, Volksaufstände, Schlachten, Märsche, mit einem Wort alles, was mit dem Attribut Grand opéra bezeichnet wird. Ich suche ein intimes, aber starkes Drama, das auf Konflikten beruht, die ich selber erfahren oder gesehen habe, die mich im Innersten berühren können.»

Als ideale Oper nennt er in diesem Zusammenhang Georges Bizets *Carmen*, die er im Januar 1876 in Paris gehört hatte und die ihm – ähnlich wie später Friedrich Nietzsche – als Antithese zu Wagner und dem *Ring des Nibelungen* erschienen sein muss. Gerade weil *Eugen Onegin*, ungeachtet der traditionellen äußeren Form und der Gesanglichkeit, herkömmlicher Opernästhetik nicht entspricht, weder was Bühneneffekte, noch was dramatische Kohärenz betrifft, war Tschaikowsky der festen Überzeugung, dass diese Nicht-Oper auf der Bühne keine Chance haben würde. Das Gegenteil trat ein: *Eugen Onegin* ist seit dem späten 19. Jahrhundert Tschaikowskys international erfolgreichstes Werk.

Freiheit von der Ehe – das Reisejahr 1878

Gleich nach der Flucht aus Moskau und mit Beginn der einjährigen Auslandsreise, die ihn in das geliebte schweizerische Clarens, nach San Remo, nach Florenz, zwischenzeitlich auch zu Freunden und Verwandten nach Russland führte, muss Tschaikowsky geradezu in einen Schaffensrausch verfallen sein. In seinen Briefen an Nadeshda von Meck schwärmte er im März und April von seiner «phantastischen Verfassung», «Komponieren» sei «das reinste Vergnügen». In rascher Folge entstanden das Violinkonzert, die Chrysostomos-Liturgie, sowie erste Skizzen zu einer Orchestersuite, einer wenig gebräuchlichen Gattung, der Tschaikowsky in den nächsten Jahren zu internationaler Geltung verhelfen wird, und er fand auch noch Zeit, ein neues Opernprojekt, *Die Jungfrau von Orleans*, in Angriff zu nehmen. Hinzu kommen die *Grande Sonate* für Klavier (Op. 37, G-Dur), ein viersätziges anspruchsvolles Werk, das Nikolaj Rubinstein im Herbst 1879 mit glanzvollem Erfolg aufführte, und viele kleinere Klavierwerke, darunter ein *Kinderalbum* (Op. 39), das den Untertitel «24 einfache Stücke à la Schumann» trägt. Die Miniaturen, die wie Schumanns *Kinderszenen* poetische Überschriften haben, sind dem Neffen Vladimir Dawydow gewidmet. Mit diesem Zyklus knüpfte Tschaikowsky an den früheren Klavierzyklus *Die Jahreszeiten* an (Op. 37a, 1875/76), den sein Petersburger Verleger Bessel für die Zeitschrift *Nouvellist* in Auftrag gegeben hatte. Die Stücke wurden monatlich in dem Blatt veröffentlicht, jeweils mit einem programmatischen Titel und mit Versen bekannter russischer Dichter. Den Sommer dieses Reisejahres verbrachte der Komponist auf Nadeshda von Mecks Landsitz in Brailow in der Nordwestukraine (heute Brajiliw). Er dankte ihr diesen Aufenthalt mit *Souvenir d'un lieu cher* (Op. 42), drei Charakterstücken für Violine und Klavier, die er dem Ort selbst in der enigmatischen Form «an B.......» widmete.

Das Violinkonzert setzt die Linie der Konzertstücke fort, an denen Tschaikowsky vielleicht auch wegen der Freundschaft mit Kotek zunehmend Gefallen fand. Das erste dieser Konzertstücke ist die *Sérénade mélancolique* (Op. 26, b-Moll, 1875), deren klagend-ausdrucksvolles Hauptthema das Werk wie eine unendliche Melodie in immer wieder neuen Varianten durchzieht. Das zweite der Konzertstücke sind die *Rokoko-Variationen* für Cello und Orchester (Op. 33, A-Dur, 1876/1877), die in der Bearbeitung ihres Widmungsträgers Wilhelm Fitzenhagen populär geworden sind. Tschaikowskys originale Version wurde erst 1941 uraufgeführt und im Rahmen der sowjetischen Gesamtausgabe veröffentlicht. Das dritte der Konzertstücke, *Valse-Scherzo* (Op. 34, C-Dur, 1877), ist möglicherweise ein klingendes Zeugnis der Liebesbeziehung zwischen Tschaikowsky und Kotek. Tschaikowsky gestattete dem jungen Geiger, das Werk zu orchestrieren und hat es ihm gewidmet.

Das Violinkonzert (Op. 35, 1878) steht wie Beethovens und auch Brahms' im gleichen Jahr vollendetes Violinkonzert in der auf der Violine besonders glanzvollen Tonart D-Dur. Kotek, der inzwischen seine Studien bei Joseph Joachim in Berlin fortsetzte, beriet ihn in geigerischen Fragen. Die beiden spielten viel zusammen, unter anderem Edouard Lalos *Symphonie espagnole* (mit Solovioline), die mit ihren Folklorismen in dem Konzert unverkennbar Spuren hinterlassen hat. Ebenso zeugt das Werk von Koteks Können. Dennoch hat Tschaikowsky auf eine Widmung an Kotek verzichtet, um Spekulationen vorzubeugen, wie er Jurgenson später schrieb. Die für den 10.3.1879 geplante Uraufführung entfiel, weil sowohl Leopold Auer, Violinvirtuose und hochangesehener Professor am Petersburger Konservatorium, als auch der Dirigent Karl Dawydow das Konzert als zu kompliziert ablehnten. Damit erhielt es den Nimbus der Unspielbarkeit. Tschaikowsky, der sich durch Auers Urteil öffentlich gedemütigt fühlte, zog die geplante Widmung an Auer zurück. Die Uraufführung fand erst am 4.12.1881 statt, und zwar in Wien unter Hans Richter und mit Adolf Brodsky (später Violinprofessor in Leipzig), der sich unermüdlich für das Konzert eingesetzt hatte und dem Tschaikowsky das Werk zum Dank widmete. Hanslick verfasste einen berühmt gewordenen Verriss, der dem Konzert «ein seltsames Gemisch von Originalität und Rohheit, von glücklichen Einfällen und trostlosem Raffinement» attestiert, im Finale «die brutale, traurige Lustigkeit eines russischen Kirchweihfestes» vernimmt und mit dem viel zitierten bösen Wort von einer Musik, «die man stinken hört», endet.

Der erste Satz hat ein einprägsames Hauptthema, das die Solovioline sogleich vielfältig ausschmückt, während als Kontrastthema eine schmachtende, weit ausgesponnene Kantilene dient. Die Durchführung gipfelt in der Solistenkadenz, in die beide Themen eingeflochten sind. Zahlreiche violinspezifische Effekte – Doppelgriffe, Passagenwerk, Flageolettklänge, Glissandi – lassen ahnen, welch ein Virtuose der junge Kotek gewesen sein muss. An zweiter Stelle steht eine expressive *Canzonetta*, ein ruhig ausgesungenes Lied, das die Solovioline ins Zentrum rückt. Im Rondo-Finale klingt noch einmal russische Folklore an. Als Basis dient ein schnelles Tanzthema, das wiederum Glinkas *Kamarinskaja* verpflichtet ist. Dieser Satz erhebt nicht den Anspruch formaler Komplexität, hier geht es um Ausgelassenheit und um die Darbietung größten geigerischen Könnens.

Auers Autorität erschwerte die Aufführung des Konzerts in Russland. Brodsky spielte es im Frühjahr 1882 in London, im Herbst 1882 in Moskau und erst Januar 1887 in Petersburg. Auer selbst spielte es erst 1893, nachdem er eine Reihe von Veränderungen, vor allem Kürzungen, vorgenommen hatte. In dieser verfälschten Fassung ist das Konzert populär geworden.

Kirchenmusik

Tschaikowskys seltsam anmutende Entscheidung für orthodoxe Kirchenmusik, «ein nahezu unberührtes Tätigkeitsfeld», wie er gegenüber Nadeshda von Meck sagte, steht im Zusammenhang mit einer Auseinandersetzung seines Verlegers Jurgenson mit der Hofsängerkapelle um das Privileg, Kirchenmusik drucken zu dürfen. Die *Liturgie des Heiligen Chrysostomos* (Op. 41) entstand im Sommer 1878 während eines Aufenthalts in Brailow. Tschaikowsky hat die Teile der Liturgie, die vom Chor gesungen werden, im Stil orthodoxer Kirchengesänge vierstimmig ausgesetzt, das heißt für die Einpassung in den liturgischen Ablauf ausgearbeitet. Alle 15 Nummern haben ihren festen Platz als Antworten auf die Worte der Priester bzw. als Begleitgesänge zu liturgischen Handlungen oder als vom Chor gesungene Gebete; dieser Platz ist zu Beginn jeder Nummer in der Partitur angegeben. Auch wenn die *Liturgie* eine Opuszahl hat, erhebt sie doch keinen Anspruch als musikalisches, für den Konzertsaal bestimmtes Kunstwerk. Nur einzelne Sätze – der *Cherubim-Hymnus* (Nr. 6), das *Glaubensbekenntnis* (Nr. 8), vielleicht auch das *Vater unser* (Nr. 13) und der musikalisch reicher ausgeschmückte *Hymnus zur Kommunion* (Nr. 14) – sind als separat aufführbare Chorsätze denkbar. Alle anderen Nummern sind kurze Repliken, wie das in der orthodoxen Kirche vielfach wiederholte «Herr, erbarme dich» (Gospodi pomiluj) oder die kleine und die große Doxologie.

Mit dem Druck dieser Partitur ließ sich Jurgenson bewusst

auf einen Rechtsstreit mit der sogenannten Hofsängerkapelle ein, dem altehrwürdigen, dem Zarenhof angegliederten Sängerensemble, das im 15. Jahrhundert zur musikalischen Unterstützung der Kirchenmusik gegründet worden war und zu dem auch eine Sängerschule gehörte. Ihr aktueller amtierender Direktor, der Geiger und Komponist Nikolaj Bachmetjew, hatte Tschaikowskys *Liturgie* konfiszieren lassen, weil sie ohne die Lizenz der Hofsängerkapelle gedruckt worden war, diese also ihr Monopol auf kirchenmusikalische Druckerzeugnisse verletzt sah. Jurgenson hatte dagegen geklagt und darauf spekuliert, dass ein Rechtsstreit die Unhaltbarkeit dieses Monopols offenlegen würde. Er bekam Recht, was er Tschaikowsky im Juni 1879 postwendend telegrafierte und was der Komponist hocherfreut sogleich auch Nadeshda von Meck vermeldete. Im gleichen Monat erfolgte die erste Aufführung in der Universitätskirche in Kiew.

Wie schwer man sich mit dieser Nicht-Kunstmusik tat, zeigt die weitere Aufführungsgeschichte. Die *Liturgie* wurde 1880 in einem Konzert mit Kirchenmusik im Moskauer Konservatorium und in einem Sonderkonzert der Russischen Musikgesellschaft für die Petersburger Adelsgesellschaft gesungen. In der westlichen Kirchenmusik ist es spätestens seit dem 19. Jahrhundert üblich, liturgisch gebundene Werke, vor allem Vertonungen des Ordinarium Missae und des Requiem, aber auch Passions- und Weihnachtsoratorien im Konzertsaal zu spielen bzw. Kirchen für solche Werke als Konzertsäle zu benutzen. Beethovens *Missa Solemnis* oder Verdis *Requiem* etwa waren von Anfang an in den Konzertsälen der Welt heimisch. Ihre damit verbundene Autonomie als Kunstwerke ist Tschaikowskys *Liturgie* und der orthodoxen Kirchenmusik generell fremd, auch wenn russische Chöre gerade mit solchem Repertoire seit dem späteren 19. Jahrhundert große Erfolge in westeuropäischen Konzertsälen und Kirchen feiern.

Wegen des Monopols der Hofsängerkapelle hatte kaum ein Komponist Interesse an Kirchenmusik. Von Glinka, der die Kapelle zeitweise leitete, ist ein *Cherubim-Hymnus* überliefert. Tschaikowskys Kollegen, allen voran Rimsky-Korsakow, begannen erst in den 1880er Jahren vermehrt, kirchenmusikalische Werke, vor allem separat aufführbare Sätze, zu schreiben. Jurgenson selbst drängte auf diesen neuen Markt, nachdem das Monopol der Hofsängerkapelle gebrochen war. 1881 beauftragte er Tschaikowsky mit der Neuausgabe sämtlicher Kirchenmusikwerke Dmitrij Bortnjanskys, die zwischen Dezember 1881 und Februar 1883 in zehn Bänden im Druck erschienen. Tschaikowsky hatte Jurgenson um Arbeiten dieser Art gebeten, aus Geldgründen und auch, weil er wusste, dass Arrangements fremder Werke inspirierend für das eigene Schaffen sein konnten. Bortnjanskys Musik gefiel ihm nicht: «Der größte Teil seiner Sachen ist platt und wertlos. Warum willst Du eine Gesamtausgabe machen?», fragte er Jurgenson, machte sich aber – gleichsam als Antwort auf Bortnjansky – parallel dazu an die Komposition der *Ganznächtlichen Vigil* (Op. 52, 1881/82).

Tschaikowsky hat, wie er seinem Bruder Modest und Nadeshda von Meck berichtete, gründliche Studien zu den kirchlichen Gesängen betrieben. Unter *Ganznächtlicher Vigil* versteht man die Stundengebete der Nacht bzw. der frühen Morgenstunden, vor allem die des Ostersamstags, aber auch der Sonn- und Feiertage. Die Textgrundlage bilden hauptsächlich Psalmen und Psalm-Ausschnitte. Tschaikowskys Sammlung umfasst 17 Gesänge, die er auf der Basis liturgischer Bücher (*Obichod* und *Irmologion*) ausarbeitete. Die Melodien sind von dort übernommen, stets in die Oberstimme gelegt und eher frei harmonisiert, wobei Dissonanzen und kontrapunktische Bildungen vermieden wurden. Bei der konkreten liturgischen Zuordnung ließ er sich von seinem Kollegen Rasumowsky beraten. Da es sich hier um größere Textzusammenhänge handelt, nicht wie in der *Liturgie des Chrysostomos* um gesungene Einschübe im liturgischen Ablauf, sind die einzelnen Nummern umfangreicher und gemäß den Vorlagen zum Teil weit melismatisch ausgeschmückt. Die *Ganznächtliche Vigil* wurde zum ersten Mal am 27.6.1882 im Rahmen eines Konzerts in der Moskauer Halle der Kunst- und Industrieausstellung aufgeführt.

Tschaikowsky fand an den kirchlichen Gesängen Freude, und so entstanden zwischen November 1884 und Sommer 1885 weitere neun Chorsätze, die in unterschiedlichen liturgischen Zusammenhängen Verwendung finden können. In die Reihe kirchlicher Werke gehören auch ein *Hymnus zu Ehren der Heiligen Kyrill und Methodius*, den Tschaikowsky aus Anlass des 1000. Todesjahres des Heiligen Methodius verfasste, sowie ein Chorsatz *Der Engel rief laut* (1887), der sich auf den Ostergruß des Engels an die Frauen vor Jesu Grab richtet.

Mit seinen beiden großen kirchenmusikalischen Werken, der *Liturgie* und der *Vigil*, setzte Tschaikowsky Maßstäbe. Beide liturgische Texte sind in den späteren Jahren, in der Blütezeit der Moskauer Synodalschule, von zahlreichen Komponisten mehrstimmig vertont worden – von Alexander Archangelsky, Nikolaj Tscherepnin, Pavel Tschesnokow, Alexander Gretschaninow, Alexander Kastalsky und vor allem von Sergej Rachmaninow. Sie alle orientierten sich an Tschaikowskys Modell, die *Chrysostomos-Liturgie* frei, die *Ganznächtliche Vigil* jedoch nach liturgischen Vorlagen zu schreiben.

IV. 1878–1884

Reisejahre

Nach der Niederlegung seines Amtes am Konservatorium erlangte Tschaikowsky die Freiheit, die er nach der Flucht aus Moskau 1878, schon hatte genießen können. Den Lebensrhythmus, den er in diesem Jahr erprobt hatte – die Wintermonate in Südeuropa, die Sommermonate auf den ukrainischen Gütern der Schwester und der Freunde –, setzte er fort und unterbrach das unstete Reiseleben für gelegentliche Kurzbesuche in Moskau und Petersburg, etwa für Aufführungen seiner Werke oder für Treffen mit seinem Verleger, wobei er sich zunehmend bemühte, möglichst wenigen Menschen zu begegnen. Die Menschenscheu, die er bei sich selbst diagnostizierte, war mit Sicherheit keine Koketterie eines exzentrischen Künstlers, sondern in seinem Außenseitertum begründet. Zugleich aber erweist er sich mehr und mehr als mitteilsamer, auch humorvoller und geistreicher Briefpartner. An Jurgenson schrieb er im Winter 1879 aus Paris: «Gott, welch ein Glück, fern vom Vaterlande zu weilen! Erst nach dem Passieren der Grenze atmete ich erleichtert auf und fühlte mich frei und glücklich», und er erzählt vergnügt, wie er sich den Geiger Wieniawski vom Leib hielt, indem er vortäuschte, in Gesellschaft einer Dame zu reisen. Der Abstand von Moskau tat ihm gut, er richtete sich nun in der selbst gewählten Einsamkeit ein und fühlte sich wohl. Das «Nomadenleben» war seiner internationalen Karriere förderlich. Schon seit Mitte der 1870er Jahre erklangen Tschaikowskys Werke in den Konzertsälen der westlichen Welt – das Klavierkonzert 1875 in Boston und 1876 in London, *Romeo und Julia* 1876 in New York, London, Paris und Wien, der *Sturm*, die *Sérénade mélancolique* und das Klavierkonzert 1878 in Paris im Rahmen der Weltausstellung, *Francesca da Rimini* 1878 in Berlin und New York. Mit dem wachsenden Ruhm erwachte auch an seinen früheren Werken internationales Interesse. So spielte man die dritte Symphonie 1879 in New York unter Adolf Neuendorf, die vierte Symphonie 1880 in Paris unter Édouard Colonne (auf Nadeshda von Mecks Initiative) und die zweite Symphonie 1883 in New York unter Leopold Damrosch, der sich, 1871 in die Vereinigten Staaten übergesiedelt, zu einem Fürsprecher von Tschaikowskys Musik machte.

Das internationale Interesse an Tschaikowskys Werken fand auch Ausdruck in Anfragen von Verlagen. Im Dezember 1879 teilte er Jurgenson mit, der Berliner Verleger Adolph Fürstner wolle einige Kompositionen von ihm herausgeben: Weil er sich zu erinnern meinte, mit Jurgenson «irgendeinen Vertrag abgeschlossen» und «bei einem Notar» unterzeichnet zu haben, wolle er Fürstner seine Werke nicht ohne weiteres überlassen. «Wie dem auch sei, ich muss gestehen, dass mich das Ansinnen Fürstners sehr gefreut hat. Im vorigen Jahr hatte mir Bock [der Berliner Verlag Bote & Bock] einen ähnlichen Vorschlag gemacht. [...] Das beweist doch nur, dass wir ernstlich Grund haben zu hoffen, die Grenzen Russlands zu überschreiten.»

Tschaikowsky schickte (in französischer Sprache) eine freundliche Absage an Fürstner mit der Begründung, dass er Jurgenson treu bleiben werde und dankte ihm für sein Interesse. Wenig später heißt es in einem weiteren Brief an Jurgenson mit feiner Selbstironie: «Am Tag nach Fürstners Brief erhielt ich wieder ein Angebot, von einem gewissen Erler (diesmal durch Kotek), welcher mich bat, russische Tänze für ihn zu schreiben. Siehst Du, wie man sich um mich reißt und welch ein wunderbarer Komponist ich bin: die Deutschen bestellen bei mir russische Tänze!»

Die wachsende Präsenz im Ausland führte auch dazu, dass Tschaikowsky dazu überging, Werk-Formate von eher kürzerer Spieldauer zu entwickeln, die sich vergleichsweise leicht einstudieren ließen. Zwar verstand er sich vor allem als Opernkomponist und setzte sich gleich nach der Vollendung des *Eugen Onegin* an die *Jungfrau von Orleans*. Die Entstehung zog sich aber über mehrere Jahre hin (1878–1882), parallel dazu, ebenfalls über einen längeren Zeitraum (1881–1884), arbeitete er an der Oper *Mazeppa*. Die für ihn nächstwichtigste Gattung war die große Symphonie. Vielleicht weil er mit der vierten Symphonie eine neue Konzeption vorgelegt hatte, vielleicht auch, weil deren Uraufführung in Moskau nur wenig erfolgreich war, wie er aus Nadeshda von Mecks Bericht schließen konnte, schrieb Tschaikowsky während der sechs Auslandsjahre keine weitere Symphonie. Die chronologisch nächste, die *Manfred-Symphonie*, entstand erst 1885 nach der Niederlassung in Klin. Statt auf große Opern, deren Adaption für andere Sprachen aufwendig ist, statt auf große Symphonien mit nationaler Einfärbung wie die ersten vier Symphonien, für die erst Fürsprecher gefunden und ein Klima geschaffen werden musste, konzentrierte er sich nun auf gefälligere Formate wie Suite, Capriccio und Serenade.

Das *Capriccio Italien* (Op. 45, A-Dur), das Anfang 1880 in Rom entstand und das Tschaikowsky gegenüber Tanejew als «italienische Suite» erwähnte, orientiert sich im Volksmusikbezug und in der endgültigen Titelformulierung an Glinka, der seine erste Spanische Ouvertüre über den *Jota Aragonese* zunächst als *Capriccio brillante* bezeichnet hatte. Grundlage sind auch hier populäre italienische Lieder, von denen einige, wie *Bella ragazza dalle trecce bionde*, das hier als Hauptthema dient, und *Ciccuzza* als Thema der abschließenden *Tarantella*, noch heute in verschiedensten Bearbeitungen gesungen und gespielt werden.

Das viel später entstandene Streichsextett *Souvenir de Florence* (Op. 70, d-Moll, 1890) ist demgegenüber ein ernstes Werk. Auch hier noch nimmt Tschaikowsky Bezug auf Glinka, nun auf die zweite spanische Ouvertüre, die den Zusatztitel *Souvenir d'une nuit d'été à Madrid* trägt. Nicht nur die bei Tschaikowsky einmalige Besetzung mit sechs Streichern, auch die thematische Konzentration und die musikalische Durcharbeitung in einer viersätzigen Form machen einen symphonischen Anspruch in kammermusikalischem Gewand geltend. Hier arbeitet Tschaikowsky nicht mit Zitaten, ein Bezug zu Florenz ist dadurch gegeben, dass er die Stadt Anfang 1890 ein letztes Mal besuchte.

Die *Serenade* für Streichorchester (Op. 48, C-Dur, 1888) ist gleichsam das seriösere Schwesterwerk zum *Capriccio Italien*. In Tschaikowskys Korrespondenz ist von Plänen zu einer Symphonie die Rede; stattdessen wurde daraus ein viersätziges Streicherkonzertstück, das mit den Satzbezeichnungen *Pezzo in forma di sonatina*, *Valse*, *Elegia* und *Finale (Tema russo)* formal eher auf eine Suite als eine Symphonie hinweist. Die *Serenade* wurde, wie später die dritte Suite, zu einem der erfolgreichsten Werke Tschaikowskys, mit dem er selbst als Dirigent zahlreiche Erfolge feierte. *Pezzo capriccioso* (Op. 62, h-Moll, 1887) ist ein kleines, von Melancholie durchzogenes Konzertstück für Violoncello und Orchester. Es entstand, als Tschaikowsky seinen todkranken Freund Kondratjew in Aachen besuchte, und schließt an die Solostücke der späten 1870er Jahre an.

In diese Reihe gehören ferner das zweite Klavierkonzert (Op. 44, G-Dur, 1879/80) und die Konzertfantasie (Op. 56, G-Dur, 1884), beide ausgesprochene Virtuosenstücke mit eigenwilligen Formen. Das Konzert ist Nikolaj Rubinstein gewidmet, der es hatte uraufführen sollen, aber zuvor während einer Konzertreise in Paris überraschend verstorben war. Tschaikowsky reiste zu seinem Begräbnis am 25.3.1881 und widmete seinem Andenken das a-Moll-Klaviertrio. Der langsame Satz des Konzerts ist quasi eine «Sinfonia concertante», denn Solovioline und Solocello treten gleichberechtigt zum Klavier hinzu. Die Konzertfantasie erweist sich bei genauerem Hinsehen als ein zweisätziges Klavierkonzert in Fantasieform, wobei der Mittelteil des ersten Satzes allein dem Klavier vorbehalten, also zu einem großen Solo ausgestaltet ist. Der zweite Satz mit der ungewöhnlichen Überschrift *Kontraste* (erst bei Béla Bartók taucht dieser Werktitel wieder auf) stellt ein *Andante cantabile* in Moll und ein tanzartiges Rondo-Thema, *Molto vivace*, in Dur gegenüber. Die beiden Ausdruckscharaktere entsprechen einem langsamen Satz und einem Finale wie in einem Konzert, hier aber werden das Moll-Thema und das fröhliche Tanzthema so ineinander verschränkt, dass an manchen Stellen, vor allem an denen, wo zusätzlich ein Tamburin erklingt, der Eindruck zweier simultan ablaufender musikalischer Szenen entsteht.

Das zweite Klavierkonzert erlebte wenige Wochen vor Tschaikowskys Tod eine zweite, von Alexander Siloti eingerichtete Ausgabe. Sie enthält verschiedene Kürzungen und Transpositionen, die nicht alle der Intention des Komponisten entsprechen. Die originale Version ist erst im Rahmen der sowjetischen Gesamtausgabe wiederhergestellt worden.

Die Welt der Suiten

Im 19. Jahrhundert bestanden Orchestersuiten üblicherweise aus Arrangements und Potpourris beliebter Opern und Ballette. Tschaikowsky selbst hat 1892 von seinem *Nussknacker* eine Suite angefertigt, die weltweite Popularität erlangte. Von *Schwanensee* und *Dornröschen* haben andere Suiten verfasst. Den vier Orchestersuiten kommt demgegenüber insofern eine besondere Bedeutung zu, als sie keineswegs symphonische Unterhaltungsmusik sind, sondern sich als kompositorisches Experimentierfeld erweisen. Mit dem größeren Rahmen der Orchesterbesetzung beziehen sie sich durchaus auf die Symphonie, zugleich aber gestattet eine Suite einen freieren Umgang mit dem

Orchester und mit der symphonischen Formenwelt. Tschaikowsky geht hier kompositionstechnische, klangliche und stilistische Wege, die in der Symphonie, im Solo-Konzert, auch in den Kammermusik-Gattungen in dieser Form nicht möglich gewesen wären.

Die erste Suite (Op. 43, d-Moll) entstand im August 1878, in der Phase des Schaffensrausches, der ihn nach der Flucht aus der Ehe und aus Russland erfasst hatte, quasi als kleines Werk neben der *Jungfrau von Orleans*. Nadeshda von Meck, der späteren Widmungsträgerin, auf deren Gütern er sich während der Komposition aufhielt, gestand er, dass er nicht, wie verordnet, seine Nerven schonte. Kaum habe er seiner Fantasie freien Lauf gelassen, «da war bereits eine ganze Reihe von Orchesterkompositionen in meiner Phantasie entstanden, die eine Art Suite in der Art einer Lachnerschen bilden sollen.»

In der Fassung letzter Hand hat die erste Suite sechs Sätze. Der erste ist *Introduzione e Fuga* überschrieben, es folgen *Divertimento*, *Intermezzo*, *Marche miniature*, *Scherzo* und *Gavotte*. Mit dem Hinweis auf Franz Lachner, der zwischen 1861 und 1881 sieben Orchestersuiten verfasste, offenbart Tschaikowsky sein Vorbild. Von dort stammen das Satzpaar *Introduktion und Fuge* (in Lachners erster Suite als Finalsatz, in seiner sechsten als Eröffnung), die Tonart d-Moll (wie Lachners erste und siebente Suite) sowie die Idee, alte Satzbezeichnungen aufzugreifen (bei Lachner sind das unter anderem Gavotte, Gigue, Sarabande). Die Suite beginnt mit einem Fagott-Solo in hoher Lage und mit durchweg chromatischen Fortschreitungen, so dass die Tonart, auch durch die Tremolo-Figuren der Streicher, im Unklaren bleibt. Vielleicht hatte Igor Strawinsky diesen Anfang im Ohr, als er sein *Sacre du Printemps* ebenfalls mit einem Fagott-Solo in hoher Lage eröffnete. In der Wiederholung erweitert sich das Tonmaterial zu einem zehntönigen Feld – offenkundig interessierte es Tschaikowsky, wie weit Chromatik in der Melodie geführt und damit die Bindung an eine Grundtonart in der Schwebe gehalten werden kann. Aus diesem chromatischen Thema entwickelt sich dann eine große Fuge, die sich in ihren Verfahrensweisen – diversen Durchführungen, Abspaltungen und Engführungen – eher an Bachschen als an Lachnerschen Fugen orientiert. Zum ernsten Habitus dieser elaborierten Fuge bilden die folgenden Sätze ein Gegengewicht, in denen ein populärer, auch volkstümlicher Tonfall vorherrscht, in die aber immer auch dramatische Passagen eingearbeitet sind.

Die beiden folgenden Suiten knüpfen an diese kontrastierende Zusammenstellung von Volkstümlichkeit und Dramatik an. Die zweite (Op. 53, C-Dur), 1883 quasi als leichtes Werk nach Vollendung der *Mazeppa*-Oper entstanden, trägt den Zusatz *charactéristique*. Das eröffnende *Jeu de sons* spielt mit thematischen und formalen Kategorien, indem das wiegende Thema im 6/8-Takt immer wieder gegen seinen Rhythmus artikuliert wird, indem der harmonische Rahmen der Ausgangstonart C-Dur bis in fernste Regionen ausgedehnt und indem auch hier Fugentechnik und Chromatik einbezogen werden. Zugleich wirkt der Titel seltsam abstrakt, so als wolle Tschaikowsky Vorstellungen von Programmmusik dezidiert eine Absage erteilen. Ob er um diese Zeit Hanslicks schon damals berühmtes Buch *Vom Musikalisch Schönen* (1854) und das daraus viel zitierte Wort «Der Inhalt der Musik sind tönend bewegte Formen» kannte, weiß man nicht. Vielleicht ist das «Spiel der Töne» als Ausloten chromatischer und motivisch-thematischer Dimensionen tatsächlich eine Antwort auf Hanslick; denn Tschaikowsky hat dem Kritiker seine gehässigen Rezensionen niemals verziehen.

Die folgenden Sätze der zweiten Suite kehren zur Programmatik im weitesten Sinne zurück. Die *Valse* klingt wie ein Stilzitat, und das *Scherzo burlesque* (im Erstdruck *humoristique*) könnte mit dem sehr schnellen Grundtempo im 2/4-Takt, den brummkreiselartigen Klarinettenfiguren und vor allem den später hinzukommenden zwei Akkordeons (laut Partituranweisung «für den Effekt wünschenswert, aber nicht zwingend erforderlich») auch *Scène russe* überschrieben sein, so deutlich sind hier die Anspielungen an volkstümliche Tanzmusik. Dem vierten Satz, *Rêves d'enfant*, liegt ein melancholisches Hauptthema zugrunde, das einen mit filigranen Arabesken und erlesenen Klangfarbenkombinationen fantastisch anmutenden Mittelteil einrahmt. Das Finale greift den Tonfall des Scherzos wieder auf. Der Titel *Danse baroque (Style Dargomisky)* signalisiert ein zweifaches Stilzitat, zum einen durch den Zusatz «baroque», zum anderen durch den Namen «Dargomisky». Barock als Stil- und Epochenbegriff war zu Tschaikowskys Zeit nicht gebräuchlich. Der Terminus «style Baroque» hat im *Dictionnaire de l'Académie française* 1878 erstmals einen Eintrag, und in diesem Sinne ist «baroque» hier als «altertümlich und etwas seltsam» zu verstehen. Dargomyshsky, der in Petersburg wegen seiner Oper *Der Steinerne Gast* als experimentell-fortschrittlicher Komponist galt, traf bei Tschaikowsky auf Geringschätzung. Das «wagemutige Talent des Komponisten», fiel, wie er 1873 schrieb, «einem bedauernswerten Irrtum zum Opfer, da es nicht von der vernünftigen Einsicht des ästhetisch gebildeten Künstlers geleitet wurde! Eine Oper ohne Musik zu schreiben – ist das nicht dasselbe, wie ein Drama ohne Worte und ohne Handlung zu verfassen?» Die Zusätze «baroque» und «Dargomisky» sind also offenbar ironisch gemeint, auch als Selbstironie des Verfassers, der hier russische Gebrauchsmusik in eine instrumental-imaginäre Szenenfolge einbindet.

Die dritte Orchestersuite (Op. 55, G-Dur, 1884) ist insofern ein Gegenstück zur zweiten, als sie einem inneren Programm zu folgen scheint, das eine *Onegin*-Atmosphäre heraufbeschwört. Auch die Viersätzigkeit, die in Umrissen an eine Symphonie gemahnt, macht einen anderen Anspruch geltend. In einem Brief an Tanejew (vom 30.6.1884) ist vom Plan zu einer Symphonie die Rede, der sich aber zu einem großen symphonischen Werk in vier Sätzen verwandelt habe. Der erste Satz, *Élégie*, ist von einer resignierten Grundstimmung getragen. Auch die *Valse mélancolique*, deren gesangliches Bratschen-Thema von drei Flöten im Unisono begleitet wird, schließt trostlos mit einem chromatischen Abstieg. Das Scherzo, schwankt zwischen Dur und Moll und gemahnt an Ballett-Musik. Das Finale ist ein Variationssatz mit zwölf Variationen, dessen Hauptthema ruhig und schlicht gehalten ist. Die Kunst besteht hier, wie in allen Variationen über simple Themen, in der Vielfalt der musikalischen Ausdeutungen. Die Spannbreite reicht von Instrumentations-

und Klangfarben-Varianten über Diminutionen und kontrapunktische Verarbeitung bis hin zu einem deutlichen Anklang an das Dies-irae-Motiv, das als klingendes Emblem auf die dramatischen Kulminationen zurückweist. Die weiteren Variationen lassen unterschiedlichste Ausdrucksbereiche anklingen, bis hin zu einem großen Violinsolo und dem glanzvollen Abschluss als *Finale Polacca*. – Trauertopoi und Dies-irae-Anklänge haben in Tschaikowskys Musik in der Regel einen konkreten biographischen Hintergrund. Was den dunklen Schatten in dieser kompositorisch besonders anspruchsvollen Suite veranlasst haben kann, lässt sich nicht sagen. Fest steht, dass Kotek im Sommer 1884, als Tschaikowsky an dieser Suite arbeitete, an Tuberkulose erkrankte und in der Hoffnung auf Genesung nach Davos reiste. Er starb dort Anfang Januar 1885, kurz nach seinem 30. Geburtstag. Ende Oktober 1884 war Tschaikowsky, seine ursprünglichen Pläne ändernd, zu seinem sterbenden Freund in die Schweiz gereist.

Die drei Orchestersuiten kennzeichnet ein breiter emotionaler Spannungsbogen, der – anders als in den Symphonien – abrupte Wechsel gestattet zwischen derb-volkstümlichem Habitus, elegischem Ton, Tanzmusik-Anklängen, Kontrapunkt und Fuge, bis hin zu stilistischen Anspielungen an vergangene Epochen, also zu neoklassizistischen Verfahren *avant la lettre*. Hinzu kommen in allen drei Kompositionen dramatisch zugespitzte Abschnitte, die im vergleichsweise anspruchslosen Umfeld unvermittelt, ja heftig wirken. Was hier als stilistischer Kontrast oder gar Bruch erscheint, kann sich auf den zweiten Blick als eine ernste Schicht darstellen, die von der leichten Musik nur unvollkommen übertönt wird. Diese innere Spannung tut dem ästhetischen Gesamteindruck jedoch keinen Abbruch. Vielleicht deshalb erfreuen sich die Suiten, besonders die erste und dritte, internationaler Beliebtheit. Die erste Suite erlebte Ende 1879 in Moskau ihre Uraufführung, und ausgerechnet die *Marche miniature*, die Tschaikowsky selbst als «Schund-Miniatur» und «Scheusälchen» bezeichnet hatte, erhielt so viel Applaus, dass sie wiederholt werden musste. Seit den 1880er Jahren bis zu Tschaikowskys Tod erklang die erste Suite in New

York, Paris, Leipzig, Berlin, Genf, Brooklyn, Kiew, London und Tiflis. Die dritte Suite, die im Januar 1885 in Petersburg unter Hans von Bülow uraufgeführt wurde, entwickelte sich zu einem wahren Erfolgsstück. Schon im November 1885 wurde sie im Metropolitan Opera House unter Theodor Thomas nachgespielt, und von 1888 bis zu seinem Tod trat der Dirigent Tschaikowsky mit dieser Suite in allen europäischen Metropolen und auch bei seiner USA-Reise in der Carnegie Hall auf.

Tschaikowsky und Mozart

Für *Mozartiana*, die vierte Orchestersuite (Op. 61, G-Dur, 1887), wählte Tschaikowsky Einzelstücke Mozarts aus, die sich als Klavierwerke in der Hausmusik breiter Popularität erfreuten: Die bekannte *Gigue* (KV 574) dient als erster und das wegen seiner Dissonanzen berühmte *Menuett* (KV 355/576b) als zweiter Satz. Dem dritten, langsamen Satz, mit *Preghiera* (Gebet) überschrieben, liegt die Motette *Ave Verum Corpus* (KV 618) in der Gestalt zugrunde, in der Liszt sie unter dem Titel *À la Chapelle Sixtine* für Klavier adaptiert hatte. Das Finale, als *Thème et variations* bezeichnet, beruht auf Mozarts Klaviervariationen über *Unser dummer Pöbel meint* (KV 455) nach Christoph Willibald Glucks komischer Oper *Die Pilger von Mekka*. In dieser viersätzigen Zusammenstellung fügen sich die *Mozartiana* in das Ensemble von Tschaikowskys Suiten. Gegen den Titel *Mozartiana* hatte er sich ursprünglich mit dem Hinweis gesträubt, dass er zu sehr nach *Kreisleriana* klinge, aber Jurgenson setzte sich durch.

Diese Suite steht in Zusammenhang mit Tschaikowskys tiefer Mozart-Verehrung, von der seine Tagebücher ausführlich künden. Er spielte regelmäßig Mozart, auf Reisen richtete er es so ein, dass er Aufführungen von Mozarts Opern hören konnte. 1876 hatte er das Libretto von *Le Nozze di Figaro* für eine Einstudierung durch seine Studenten ins Russische übersetzt. 1884 erschien der Klavierauszug mit seiner Übersetzung bei Jurgenson im Druck. Zur Mozart-Verehrung gehörte auch, dass er Gedenkstätten aufsuchte. Bei seinem Paris-Aufenthalt im Frühjahr 1886 notierte er unter dem 31. Mai, nachdrücklich hervorgehoben: «Ich sah die Partitur von Mozarts *Don Giovanni* geschrieben von seiner eigenen Hand!!!!!!!!!!» Sein Gastspiel in Prag 1888 nahm er zum Anlass, das sogenannte «Mozart-Zimmer» zu besuchen.

Im gleichen Jahr trat Jurgenson an Tschaikowsky mit der Idee heran, Alexander Ulybyschews Mozart-Monographie – *Nouvelle biographie de Mozart, suivie d'un aperçu sur l'histoire générale de la musique et de l'analyse des principales œuvres de Mozart* (Moskau 1843) – ins Russische zu übersetzen. Tschaikowsky schätzte dieses Werk und begann mit der Arbeit, gab sie dann aber an seinen Bruder Modest weiter. Die russische Ausgabe erschien 1890, mit einem Vorwort von Hermann Laroche.

Nadeshda von Meck hatte offenbar gestanden, dass ihr Mozarts Musik wenig sage. Daraufhin schickte Tschaikowsky ihr im März 1878 einen sehr ausführlichen Mozart-Brief, in dem er ihr nahelegte, unbedingt die «ausgezeichnete» vierbändige, damals nur in deutscher Sprache zugängliche Mozart-Biographie von Otto Jahn zu lesen. In seinem Brief scheint das verklärende Bild durch, das Jahns fundamentale, zwischen 1856 und 1859 erschienene Mozart-Monographie geprägt hat. Tschaikowsky stilisiert Mozart zu seinem Leitstern in der Kunst, im Rückblick und für Nadeshda von Meck deutet er das *Don Giovanni*-Erlebnis als Initiation in seinen professionellen musikalischen Werdegang. Zugleich wird deutlich, in welchem Maße sein Hören gefühlsgeleitet ist. Musik erscheint hier vor allem als nonverbale Künderin feinster Seelenregungen, die in einfühlendem Hören mitempfunden, ja mitdurchlebt werden können. Es ist denkbar, dass er den exaltierten Ton mit Rücksicht auf seine Briefpartnerin wählt; allerdings findet sich dieser Ton auch in Äußerungen gegenüber anderen und in den Tagebüchern. Musik als in Tönen dargestellte Emotionen zu verstehen, bedeutet eine Verkürzung, denn diese Sicht ignoriert die formale und strukturelle Seite der Musik vollkommen. Dass Tschaikowsky darüber nicht spricht, weder gegenüber Nadeshda von Meck noch gegenüber anderen, gehört zu der populären Vorstellung, dass Kunst allein aus Inspiration hervorgehe und mit geistiger Arbeit, ja mit Konstruktion, nichts zu tun habe.

Im *Don Giovanni* erschien ihm nicht der Titelheld, sondern die «majestätische Gestalt der rachsüchtigen, stolzen, schönen Donna Anna» als Hauptfigur. Dahinter scheint seine Tatjana auf, die er wenige Monate vor dem Mozart-Brief als eine schöne, in ihrem Stolz gekränkte Opernfigur und als die eigentliche Heldin der *Eugen-Onegin*-Oper geschaffen hatte. In der Weise, in der Tschaikowsky Donna Anna versteht, wird sie zum Prototyp seiner Opernheldinnen.

Im März 1893 entstand ein Vokalsatz für vier Solostimmen und Klavierbegleitung, dem das B-Dur-Andantino aus Mozarts großer Klavierfantasie KV 475 zugrunde liegt. Den mit *Nacht* betitelten Text verfasste Tschaikowsky selbst und setzt hier das Erlebnis einer sternklaren Nacht wie ein pantheistisches Glücksgefühl in Beziehung zu einem ruhebedürftigen, sich nach Weltferne sehnenden lyrischen Ich.

Die Opern der Reisezeit

Noch vor der Uraufführung des *Eugen Onegin* machte sich Tschaikowsky auf die Suche nach einem neuen Opernsujet. Er erwog zunächst Shakespeares *Romeo und Julia*, dann Alfred de Mussets *Caprices de Marianne*, ein neapolitanisches Verwechslungsdrama, und entschied sich schließlich für die *Jungfrau von Orleans*, nach Schiller in der Übersetzung von Vassilij Shukowsky, zog aber für die Ausgestaltung des Librettos auch Jules Barbiers Textbuch zu Auguste Mermets *Jeanne-d'Arc*-Oper (Paris 1876) heran. Verdis *Giovanna d'Arco* (1845) spielte für ihn keine Rolle. Die Entscheidung für diesen Stoff ist insofern nachzuvollziehen, als er inzwischen zu einem prominenten europäischen Mythos angewachsen war und Schillers Dramen auf russischen Bühnen einen Platz hatten, auch insofern, als Tschaikowsky sich stets für exzentrische Frauenfiguren begeisterte. Mit Blick auf *Eugen Onegin* und die ästhetischen Positionen, die diese Oper geltend macht, wirkt die Entscheidung für den *Jeanne-d'Arc*-Stoff geradezu anachronistisch. Mit *Eugen Onegin* hatte er «Zaren, Volksaufständen» und «ägyptischen Prinzessinnen» eine Absage erteilt. Mit der *Jungfrau von Orleans* kehrte er nolens volens zu dem zurück, was sich «mit dem Attribut Grand opéra» verbindet. Es gibt wieder eine große Ouvertüre – *Eugen Onegin* war mit einem kurzen Vorspiel und knappen Themenskizzen ausgekommen – und vier große Akte mit Raum für prächtige historische Tableaus wie das Schlachtfeld (3. Akt, 1. Bild), die von ihrem Vater vorgebrachte Anklage Johannas als Hexe, auf die an ihrer Stelle ein Donnerschlag antwortet (3. Akt, 2. Bild) und – anders als bei Schiller – die Autodafé-Szene, in der Johanna von den Engländern verbrannt wird. Die Liebesgeschichte zwischen Johanna und dem burgundischen (bei Schiller englischen) Ritter Lionel, durch die die Titelfigur in einen Konflikt zwischen Pflicht und Liebe gerät, bekommt bei Tschaikowsky selbstverständlich angemessenen Raum. Dem wichtigsten Kennzeichen der Grand opéra ist mit der integrierten Ballettszene (Tänze der Zigeuner, der Diener und Zwerge im 2. Akt) Rechnung getragen.

Winter 1878/79 war die Partitur vollendet, August 1879 die Instrumentierung abgeschlossen. Nápravník, der Widmungsträger, dirigierte die Petersburger Uraufführung der *Jungfrau von Orleans* am 13.2.1881. Die Oper hielt sich bis Januar 1882 im Petersburger Spielplan und erlebte im Juli 1882 in Prag, vermutlich dank der Vermittlung von Nápravník, eine Aufführung – die erste Aufführung einer Tschaikowsky-Oper im Ausland. Im Herbst 1882 begann Tschaikowsky mit einer Umarbeitung, die erforderlich wurde, weil das Werk mit einer Mezzosopranistin neu inszeniert werden sollte. In dieser neuen transponierten Gestalt hielt sich die Oper eine weitere Spielzeit, dann verschwand sie aus dem Repertoire.

Der nächste Stoff, der Tschaikowsky zu einer Oper inspirierte, war Puschkins Verspoem *Poltawa* (1829). Im Zentrum steht der historische Hetman (Hauptmann) Iwan Mazeppa, der mit seinen Kosaken in der Schlacht bei Poltawa (1709) an der Seite des Schwedenkönigs Karl XII. kämpfte. Beiden, dem König und dem Hetman, gelang die Flucht vor Zar Peters siegreichen Truppen. In der literarischen Bearbeitung lieben sich Mazeppa und Maria, die Tochter seines einstigen Kampfgefährten und nun politischen Gegners Kotschubej, der weiß, dass Mazeppa zum Schwedenkönig übergelaufen ist. Zar Peter aber vertraut weiter dem Hetman, so dass dieser Kotschubej als vermeintlichen Verräter richten darf. Zuvor fragt Mazeppa Maria, wer ihr teurer sei, er oder der Vater. Als Maria von der Hinrichtung ihres Vaters erfährt und damit Mazeppas Verrat erkennt, verliert sie den Verstand. Puschkin hat ein Motto-Zitat aus Byrons Gedicht *Mazeppa* (1819) vorangestellt, in dem der alte Mazeppa dem Schwedenkönig während der Flucht von seinem berühmten und in den Künsten vielfach dargestellten Ritt erzählt, den er, zur Strafe für Ehebruch nackt auf ein Pferd gebunden, überlebte, weil das Pferd tot zusammenbrach.

Bei Puschkin stehen die historisch-politische Dimension der Einigung Russlands mit der Ukraine und die Verherrlichung Peters des Großen im Vordergrund. Mit dem Titel *Mazeppa* verlagert die Oper den Schwerpunkt von der staatsbildenden auf die menschliche und psychologische Ebene. Die Schlacht bei Poltawa ist hier ein symphonisches Zwischenspiel (Anfang des 3. Akts), in das Tschaikowsky zum Zeichen des Sieges der Russen den Hymnus «Ehre sei Gott im Himmel» einarbeitete, der auch bei Mussorgsky als Hymnus zur Krönung des Boris Godunow erklingt und den Beethoven in dem Rasumowsky-Quartett Op. 59, 2 zitiert. Der Handlungsstrang und der musikalisch-dramatische Spannungsbogen fokussieren zum einen die «unmögliche» Liebe zwischen der jungen Maria und dem alten Mazeppa, die als aufrichtige Liebe gekennzeichnet ist, zum anderen den Verrat, dessen Kotschubej Mazeppa verdächtigt, die Folterszenen und den Tod Kotschubejs, sowie Marias Wahnsinn. Zur Vertiefung der menschlichen Perspektive ist im Libretto ein Andrej hinzuerfunden, ein junger Mann, der Maria liebt und der am Ende Rache an Mazeppa üben will, aber selbst im Kampf mit Mazeppa tödlich verletzt wird. Am Schluss trifft Mazeppa auf Maria, die ihn aber nicht mehr erkennt und dem toten Andrej ein Wiegenlied singt.

Auch *Mazeppa* folgt dem Modell Grand opéra, das Tschaikowsky eigentlich verworfen hatte. Gleich im ersten Akt tanzen die einfachen Leute einen *Hopak*, den traditionellen Kosakentanz, es gibt große Tableaus mit Chören und drastische Szenen wie die Folterszene im zweiten Akt. Hinzu kommt eine große Liebesszene zwischen Mazeppa und Maria. Sie zeigt exemplarisch Tschaikowskys künstlerische Stärke, große Gefühle darzustellen, die zugleich eine Schwäche bedeutet: die Musik ist ganz dicht bei jeder der Figuren, sie lässt an der Aufrichtigkeit beider keinen Zweifel und verrät nichts darüber, dass Mazeppa Maria in diesem Moment täuscht. Weil die Musik über seine Liebe zu Maria keinen Schatten legt, macht sie aus Mazeppa eine widersprüchliche Figur, denn zuvor hatte er Kotschubejs Tod angeordnet und stellt Maria hier vor die Wahl zwischen ihm selbst und dem Vater, das heißt er täuscht sie mit dieser Frage, die Musik stellt ihn aber als einen aufrichtig Liebenden dar.

In einigen Punkten nähert sich Tschaikowsky mit *Mazeppa* der Ästhetik der Petersburger, nicht nur, weil er ein Sujet aus der russischen Geschichte wählt und zahlreiche Volkslieder und Volksliedanklänge einbezieht, sondern auch auf der Ebene der Dramaturgie. Unter den Schaulustigen, die auf die Hinrichtung warten, gibt es einen betrunkenen Kosaken, dessen derb-groteskes Lied von Mussorgsky stammen könnte und der später als betrunkener Bauer in Schostakowitschs Oper *Lady Macbeth* an gleichfalls dramaturgisch entscheidender Stelle auf der Bühne erscheint. Auch der stille Schluss der Oper, das Wiegenlied der vom Wahnsinn geschlagenen Maria, ist möglicherweise ohne das Lied des Gottesnarren als Schluss des *Boris Godunow* nicht denkbar. Wieweit Tschaikowsky hier von «Isoldes Liebestod», dem Schluss von Wagners *Tristan und Isolde*, inspiriert wurde, muss offen bleiben. Der ursprüngliche Schluss war eher konventionell: Maria stürzt sich wahnsinnig lachend in den Fluss, die herbeigelaufenen Leute legen ihre Leiche neben die Andrejs und beweinen die beiden.

Tschaikowsky hat zwischen Juni 1881 und April 1883, nach eigener Bekundung mit Mühe, an *Mazeppa* gearbeitet. Das Libretto von Viktor Burenin war ursprünglich für den Petersburger Komponisten Karl Dawydow gedacht, der es Tschaikowsky überließ. Die Oper, die keinen Widmungsträger hat, wurde am 3.2.1884 in Moskau unter Ippolit Altani uraufgeführt, die Petersburger Premiere folgte am 6.2.1884 unter Eduard Nápravník. Hier sang Fjodor Strawinsky, der Vater des Komponisten, die Bass-Partie des Folterknechts und Henkers Orlik. Nach zwei Spielzeiten verschwand *Mazeppa* für lange Zeit von den Bühnen der Hauptstädte, während sich die Oper in der Provinz einiger Beliebtheit erfreute.

Kompositionen für den Staat

Tschaikowsky hat sich stets auch als Staatskomponist verstanden. Gleich zu Beginn seiner Moskauer Dienstzeit hatte Nikolaj Rubinstein ihm den Auftrag zu einer Festouvertüre über die dänische Nationalhymne (Op. 15, D-Dur) vermittelt, die bei der Hochzeit des Großherzogs Alexander Alexandrowitsch und Prinzessin Dagmar, des späteren Herrscherpaares Alexander III. und Maria Fjodorowna, erklingen sollte und in die selbstverständlich auch die russische Hymne «Gott, erhalte den Zaren» eingearbeitet ist. Ob die anspruchsvoll durchkomponierte Ouvertüre bei den Feierlichkeiten, die sich im April/Mai 1867 über eine Woche hinzogen, tatsächlich gespielt wurde, ist nicht überliefert.

Für die Eröffnung der Polytechnischen Ausstellung am 31.5.1872, mit der man auch des 200. Geburtstags Peters des Großen gedachte, komponierte Tschaikowsky eine Festkantate für Soli, Chor und Orchester. Mit der Ausstellung wurde zugleich das Polytechnische Museum eröffnet, das bis heute existiert. Den Text verfasste Jakow Polonsky, Schriftsteller, Librettist und später auch Zensor, speziell für diesen Anlass. Auf die Introduktion, die auf dem Finale der ersten Symphonie basiert, folgen fünf große Sätze mit Chor und Solo-Tenor, die – ganz im Geist des Fortschrittsglaubens – den Sieg des Menschen über die widrige Natur und im gleichen Atemzug die Größe des Zarentums besingen. Selbstverständlich sind Pauken und Trompeten stets präsent, selbstverständlich steht im Zentrum eine große Chorfuge, in der die Hymne «Gott, erhalte den Zaren» angedeutet ist, die im Finale explizit erklingt und die in sowjetischen Zeiten herausgekürzt wurde. Ein drittes Werk in dieser Reihe ist der *Slawische Marsch* (Op. 31, 1876), der für ein Wohltätigkeitskonzert zur Unterstützung der Opfer des Serbisch-Osmanischen Krieges gedacht war. In Tschaikowskys Korrespondenz und im Manuskript heißt das Opus «serbo-russischer Marsch»; denn er zitiert hier drei serbische Volkslieder, was ausdrücklich in der Partitur vermerkt ist, und überformt diese Themen mit «Gott, erhalte den Zaren». Der *Slawische Marsch*, der sich auch im westlichen Ausland einiger Beliebtheit erfreute, ist das erste in einer Reihe von Werken, die der panslawistischen Idee huldigen. Zu den Gelegenheits- und Gefälligkeitswerken gehören ferner ein *Jurisprudenz-Marsch* und ein *Juristen-Lied* (auf einen eigenen Text für Chor a cappella), die Tschaikowsky 1885 zum 50-jährigen Jubiläum der Kaiserlichen Schule für Jurisprudenz, seiner alten Ausbildungsstätte, schrieb.

Tschaikowsky nahm Aufgaben dieser Art ernst und erledigte sie gewissenhaft. Aus einem puristischen Kunstverständnis heraus, das Autonomie um jeden Preis fordert, mag das ehrenrührig erscheinen. Er war und ist damit nicht allein. Auch westeuropäische Zeitgenossen wie Schumann, Berlioz, Liszt, Wagner und Brahms sahen es als ihre Pflicht, ihre Kunst auch in den Dienst ihres Staats bzw. ihres Dienstherren zu stellen.

Dass Tschaikowsky sich durchaus als Patriot verstand, belegen Äußerungen in Briefen und Tagebucheintragungen. So vermerkte er Sommer 1886 über die bettelnden Kinder in seiner weiteren Nachbarschaft: «Diese Kinder sind zwar alle widerliche Gören, aber in ihnen äußert sich der rein großrussische Geist auf derart ansprechende und mitreißende Weise, dass ich einfach Rührung empfinden musste.» Offenkundig hatte er eine Idee vom «Russischen», das er liebte und zu verklären bereit war. Dieses sentimentale Verhältnis zur Heimat hinderte ihn nicht, Fremdsprachen zu lernen und fremdsprachige Literatur im Original zu lesen. Auch ließ er sich als Künstler nicht auf ein sentimental-patriotisches oder gar nationalistisch-patriotisches Russlandverständnis in slawophiler Manier festlegen.

Hinzu kommt, dass die kaiserliche Familie mit ihm, deutlicher als mit seinen Petersburger Kollegen, Kontakt suchte. Als Großfürst Konstantin Konstantinowitsch, ein musikliebender Neffe des Zaren, persönlichen Kontakt wünschte, wurde im

Frühjahr 1880 ein Treffen in Petersburg arrangiert. Im Anschluss berichtete Tschaikowsky an Nadeshda von Meck, wie sehr er dabei gelitten habe, dass der junge Großfürst sympathisch und musikalisch begabt sei, auch dass man mit Rücksicht auf seine Menschenscheu «diesem Abend einen intimen Charakter gegeben (ohne Frack und weiße Binde)» habe. Unmöglich habe er absagen können. Aus dieser Begegnung, die sich bis weit nach Mitternacht hinzog, ging, soweit das über Standesunterschiede hinweg möglich ist, eine Freundschaft hervor, die in einem umfangreichen und inhaltlich anspruchsvollen Briefwechsel Ausdruck fand.

In den Jahren, als Tschaikowskys musikalische Karriere begann, formierten sich – vornehmlich aus der gebildeten Jugend – Protestbewegungen, die sich von sozialrevolutionären Ideen leiten ließen. Der radikalste Flügel «Narodnaja Wolnja» («Volkswille») definierte sich über Terroraktionen gegen den Zarismus in dem Glauben, auf diesem Wege Reformen zu erzwingen. Diese Gruppierung beschloss im August 1879, unschuldige Opfer rücksichtslos in Kauf nehmend, die Ermordung Alexanders II., der zu diesem Zeitpunkt schon drei Attentate überlebt hatte. Ihrem ersten Anschlag im November 1879 in Moskau entging er, weil er nicht in dem Zugwaggon saß, den die Terroristen vermuteten. Im Februar 1880 entging er einer Explosion im Erdgeschoss des Winterpalais, weil er sich unerwartet verspätet hatte. Ein Bombenanschlag am 1.3.1881 an einem der Petersburger Kanäle riss Alexander II. in den Tod.

Tschaikowsky beobachtete diese Entwicklung mit Grausen: Unter dem Eindruck des Moskauer Attentats schrieb er am 3.12.1879 aus Paris an Nadeshda von Meck, er habe sich gewundert, weshalb Mitglieder des Hofs in Uniform im Gottesdienst gewesen seien, bis er aus der Presse Einzelheiten erfahren habe, «nämlich, dass eine Höllenmaschine unter die Schienen gelegt worden sei, welche beim Nahen des Zuges explodierte», und er fährt fort mit einem konkreten Reformvorschlag, dass der Kaiser «Volksvertreter aus ganz Russland» versammeln solle, «um mit ihnen gemeinsam Maßnahmen zur Eindämmung dieser schrecklichen Erscheinungen eines sinnlosen Revolutionärtums zu beraten. Solange man uns alle, d. h. das russische Bürgertum, nicht zur Teilnahme an der Regierung beruft, solange gibt es keine bessere Zukunft.»

Wenige Tage später kam er gegenüber Nadeshda von Meck noch einmal auf das Attentat zu sprechen und lässt bei aller Empörung wieder einen sachlichen politischen Standpunkt erkennen:

> Wie derartige revolutionäre Unternehmungen die Reformen nur noch weiter hinausrücken, mit denen der Kaiser früher oder später seine Regierung bekränzt hätte! [...] Was die Sozialisten im Namen Russlands tun – ist dumm und frech, aber nicht weniger ekelhaft als die Lüge von ihrer Bereitwilligkeit, den gemäßigten Liberalen aller Schattierungen die Hand zu reichen und den Kaiser in Ruhe zu lassen, sobald er ein Parlament einberufen würde. Das ist es nicht, was sie erreichen wollen, denn sie wollen noch weiter gehen: bis zur sozialistischen Republik und sogar bis zur Anarchie. Aber niemand wird auf diesen Köder anbeißen, selbst wenn in Zukunft eine konstitutionelle Regierungsform eingeführt werden sollte, so dürfte den künftigen Volksvertretern in der Vernichtung jener Mörderbande, welche sich einbildet, an der Spitze Russlands zu stehen, eine der ersten Aufgaben erwachsen.

Die Fest-Ouvertüre *1812* (Op. 49) steht in weiterem Zusammenhang mit den Ereignissen um die Ermordung Alexanders II. Im Mai 1880 hatte Tschaikowsky von Nikolaj Rubinstein, vermittelt über Jurgenson, noch einmal einen Staatsauftrag erhalten, er könne wahlweise etwas schreiben für die für Sommer 1881 in Moskau geplante Allrussische Manufaktur- und Kunstausstellung, für das 25-jährige Thronjubiläum Alexanders II. oder zur Einweihung der noch im Bau befindlichen Christ-Erlöser-Kathedrale in Moskau. Schon zu Jahresbeginn hatte er einen Auftrag für Musik zu einer Tableau-vivant-Sequenz mit dem Titel *Montenegro* übernommen, die die Vorgeschichte des Russisch-Osmanischen Krieges darstellen und beim Thronjubiläum hätte aufgeführt werden sollen, das dann wegen des Anschlags im Winterpalais verschoben wurde. Die Partitur der *Montenegro*-Musik gilt als verloren. Seine Antwort auf diesen neuerlichen Auftrag war ablehnend. Nur unter dem Gefühl des Ekels könne er eine Musik schreiben, die etwas verherrlicht, das ihn überhaupt nicht begeistere. Aus Verpflichtung gegenüber Nikolaj Rubinstein sei er aber bereit, «was auch immer» zu schreiben, vorausgesetzt, dass man es anständig bezahle.

Im Oktober 1880 war «die Muse freundlich» zu ihm, wie Tschaikowsky Nadeshda von Meck mitteilte, so dass die Ouvertüre und die Streicherserenade bis auf die Instrumentierung fertig waren. «Die Ouvertüre wird recht laut und lärmend sein, besitzt aber, da ich sie ohne Liebe geschrieben habe, keinen künstlerischen Wert.» Der komplette Titel lautet *Fest-Ouvertüre für großes Orchester, komponiert aus Anlass der Weihe der Christ-Erlöser-Kathedrale*, gemeint ist jene monumentale Kathedrale, die aus Anlass des Siegs über Napoleon errichtet, dann als Staatskirche benutzt, später von Stalin gesprengt und in sowjetischer Zeit als riesiges Hallenbad benutzt, schließlich in postsowjetischer Zeit in neuer Pracht rekonstruiert und 2000 wieder eingeweiht wurde. Die Ouvertüre erschien in einem historischen Moment, in dem rasanter technischer Aufschwung im Wettstreit mit Westeuropa zur Schau gestellt werden sollte, in dem das Zarenreich soeben einen Sieg über das Osmanische Reich (Russisch-Osmanischer Krieg 1877/78) davongetragen und ein Thronjubiläum gefeiert hatte, in dem Terrorakte die Gefährdung der inneren Sicherheit fortwährend offenbarten, und in einem Moment, in dem die neue Kathedrale als Sinnbild des gottgewollten Sieges über Napoleon und als Gedenkort für die im Napoleon-Krieg gefallenen Generäle und Adligen der Einheit von Zarentum, Kirche und Volk in russisch-byzantinischer Pracht sichtbaren Ausdruck verlieh. Durch die Ermordung Alexanders II. verschoben sich die Eröffnung der Technik-Ausstellung und die Uraufführung der Ouvertüre um ein Jahr auf Sommer 1882.

Musikalisch gehört die Ouvertüre in die Tradition der *Battaglia*, deren bekanntestes Beispiel Beethovens symphonisches Schlachtengemälde *Wellingtons Sieg oder die Schlacht bei Vittoria*, gleichfalls mit zwei sich bekämpfenden Musiken, darstellt. Tschaikowsky schreibt hier bewusst populär, er baut Melodien ein, die seinen Hörern aus unterschiedlichen national-patriotischen Zusammenhängen bekannt waren, und kombiniert sie mit einem schlichten, aber bombastischen Orchestersatz samt Kirchenglocken und Kanonendonner. Am Anfang steht das Troparion des Heiligen Kreuzes, das als Bittgesang während Napoleons Einmarsch in allen Moskauer Kirchen gesungen wurde. Dann folgen dramatische Passagen, in denen die *Marseillaise* mit zwei Themen, einem schlichten russischen Reigenlied und einem lyrischen Thema, konfrontiert und sodann von ihnen gleichsam zerstückelt wird. Die krönende Apotheose greift das Troparion des Heiligen Kreuzes, nun im ganzen Orchester und von vollem Glockengeläut übertönt, wieder auf und verbindet das orthodoxe Gebet mit der Staatshymne. Auch über die Texte treten Orthodoxie und Staat hier in einer klingenden Aureole zusammen. Der Text des Troparions, das zum Fest der Kreuzerhöhung am 14. September gehört und dem 28. Psalm, Vers 8–9 entstammt, lautet: «Rette, o Herr, Dein Volk und segne Dein Erbe, verleihe den rechtgläubigen Christen Sieg über ihre Widersacher und behüte Deine Gemeinde durch Dein Kreuz.»

Tschaikowskys Nähe zum Zarenhof führte auch dazu, dass man ihn zur musikalischen Ausgestaltung der Krönungsfeierlichkeiten für Alexander III. beauftragte, die am 15.5.1883 in der Uspensky-Kathedrale im Kreml, zwei Jahre nach der Übernahme der Amtsgeschäfte, stattfand. Für eine *Festkantate*, die das Moskauer Krönungskomitee bei ihm bestellte, und einen *Krönungsmarsch*, den der Moskauer Bürgermeister in Auftrag gab, sah er sich genötigt, seine Arbeit an der Oper *Mazeppa* zu unterbrechen. «Zwei unerwartete und sehr lästige Arbeiten sind mir zugefallen», schrieb er im März 1883 aus Paris an Nadeshda von Meck. Der Marsch sei für eine Feier im Sokolniki-Park vorgesehen, die Kantate für die Krönungsfeier selbst. Ihm blieb also kaum ein Monat für beide Werke, wenn man noch das Übersenden per Post, das Ausschreiben der Stimmen und die Probenzeit mitbedenkt. Im ersten Augenblick habe er absagen wollen, aber ihm sei «aus zuverlässigen Quellen bekannt, dass der Kaiser mir, d. h. meiner Musik, sehr wohlgesinnt ist, so dass es mir sehr unangenehm wäre, käme es ihm zu Ohren, ich hätte den Auftrag *abgelehnt*. Beide Arbeiten müssen mit erschreckender Schnelligkeit erledigt werden.»

Der Marsch ist eine festlich-lärmende Gebrauchsmusik, in der am Ende wiederum die Hymne «Gott, erhalte den Zaren» erklingt. Die *Moskau* betitelte, sechssätzige Kantate ist aufwendiger gearbeitet. Apollon Majkow, der als Lyriker und Übersetzer bekannt geworden ist, rekurriert in seinem Text auf die ruhmreiche russische Geschichte, Phasen des Kampfes, der Niederlage und Not und beschwört die Einigkeit von Orthodoxie, Zarentum und Volk. Sodann geht er über zu den damals aktuellen panslawischen Ideen, die hier in der russischen Vorstellung von Moskau als «drittem Rom» gipfeln und damit Russlands Führungsanspruch in der panslawischen Völkergemeinschaft signalisieren. Die abschließende «Slawa»-Huldigung an den Zaren bestätigt diesen Anspruch. Die Verankerung in der alten Geschichte und den alten Heldenepen (Bylinen) kommt im Text durch archaisierende Folklorismen zum Ausdruck. Tschaikowsky erledigte diese Aufgabe elegant, indem er mit der schlankeren Orchesterbesetzung und zwei Solisten – einem Bariton, der auch wie ein Epenerzähler wirkt, und einer Mezzosopranistin, die auch als lyrisches Ich der Stadt Moskau fungiert – sowie einer großen Chorpartie, die sowohl den Part des Volks übernehmen als auch festlichen Charakter entfalten kann, ein stimmiges Ensemble mit reichen Assoziationsfeldern schafft. Sein Melos und seine Harmonik zeigen, wie gut er mit dem von den Petersburgern entwickelten russischen Idiom vertraut war.

Alexander III. war ein aufrichtiger Bewunderer von Tschaikowskys Musik und dankte ihm sein Engagement, indem er ihn aus Paris nach Petersburg rief, um ihn dort am 7.3.1884 mit dem Orden des Heiligen Vladimir (4. Klasse) auszuzeichnen. Dieser Orden war von Katharina der Großen gestiftet worden, die Klassen gelten militärischen Rängen. Dass ein Komponist einen militärischen Verdienstorden erhielt, war die Ausnahme, es bedeutete eine besondere Auszeichnung und war erst der Beginn der Achtung, die dieser reaktionäre Zar Tschaikowsky zuteilwerden ließ.

V. 1885–1893

Nationale Reputation

Des Reisens müde, begann Tschaikowsky, sich nach einem Wohnsitz in Russland, in der Umgebung von Moskau, umzusehen. Anfang 1885 mietete er ein Haus im Distrikt Klin, etwa 90 Kilometer nordwestlich der Stadt, und wohnte bis zu seinem Tod in dieser schönen Gegend, die schon damals an die Bahnstrecke Moskau-Petersburg angeschlossen war. Hier fand er ein Refugium, das ihm Ruhe zum Komponieren ließ und die geliebten stundenlangen Waldspaziergänge ermöglichte, zugleich ein Ambiente, in dem ihn Moskauer Freunde in einer Tagesreise bequem besuchen konnten, und einen Stützpunkt, von dem aus er seine internationale Karriere vorantrieb. Als seinen letzten Wohnsitz wählte er 1891 ein größeres zweistöckiges Haus direkt in dem kleinen Ort Klin. Bei alledem stand ihm sein Diener Alexej Sofronow zur Seite, den er schon 1871 engagiert und der ihn auch auf seinen Reisen begleitet hatte. Zwischen beiden muss ein freundschaftliches, ja herzliches Verhältnis bestanden haben. Tschaikowskys Briefe an ihn beginnen respektvoll-korrekt mit «Lieber Alexej Iwanowitsch», auch mit «Lieber Freund». Tschaikowsky war Pate von Sofronows Sohn Georgij (geb. 1892). Nach Tschaikowskys Tod kaufte er das Haus in Klin und verkaufte es 1897 an Modest Tschaikowsky und den Neffen Vladimir Dawydow weiter, so dass die Grundlagen für das spätere Museum sichergestellt waren.

Im Februar 1885 wählte die Kaiserliche Russische Musikgesellschaft Tschaikowsky einstimmig in ihr Direktorium. Diese Anerkennung des einst abtrünnigen, aus Moskau geflohenen Komponisten, bedeutete Verantwortung und Einfluss auf grundsätzliche Entscheidungen des nationalen Musiklebens. Er stellte sich dieser Aufgabe und verstand sie, wie er Nadeshda von Meck schrieb, «im Sinne einer Oberaufsicht über den Gang des Unterrichts», das hieß für ihn auch Anwesenheitspflicht bei Abschlussprüfungen. 1890 kam es zwischen ihm und dem Direktor zu Meinungsverschiedenheiten wegen der Besetzung einer Cello-Professur, infolge derer Tschaikowsky aus der Direktion der Musikgesellschaft ausschied.

Der Verzicht auf diese Art von Musikpolitik fiel ihm offenbar nicht schwer, obwohl die damit verbundene Macht seiner Eitelkeit auch geschmeichelt haben mag. Seit Mitte der 1880er Jahre mehrten sich Konzerte exklusiv mit seinen Werken, sowohl in den Hauptstädten als auch in der Provinz, insbesondere in Tiflis, wo Michail Ippolitow-Iwanow sich für seine Musik stark machte, und in Kiew, wo *Eugen Onegin* und *Pique Dame* mit herausragendem Erfolg nachgespielt wurden. Als besonders einflussreicher Förderer Tschaikowskys erwies sich Iwan Wsewoloshsky, ein umfassend gebildeter Mann mit literarischen Ambitionen, der im Außenministerium und als Diplomat gedient hatte, bevor er 1881, kurz nach Amtsantritt Alexanders III., als Direktor der Kaiserlichen Theater Moskaus berufen wurde und 1886 bis 1899 den Petersburger Kaiserlichen Theatern vorstand. Aus dieser Position konnte er weitreichende Reformvorschläge beim Zaren durchsetzen. Die kulturpolitisch wichtigste Maßnahme war die Aufwertung der russischen Oper gegenüber der jahrzehntelangen institutionell verankerten Vorherrschaft der italienischen Oper in Petersburg und damit die Stärkung nationaler Selbstrepräsentation auf der Bühne. Zu seinen Neuerungen gehörten ferner die Gründung eines *Jahrbuchs der Kaiserlichen Theater* (ab 1892) und, gleich zu Beginn seiner Amtszeit, die Neuregelung der Autorenrechte. Bislang war diese Frage so geregelt, dass die Rechte an Bühnenwerken nach dem Tod des Autors an die Kaiserlichen Theater zurückfielen. Wsewoloshsky hatte erwirkt, dass die Rechte an die Erben der Autoren übergehen und dass dies vertraglich festgehalten wurde. Für Tschaikowskys Werke galt das ab der Erstaufführung des *Eugen Onegin* im Moskauer Bolschoj-Theater 1884.

Welch hohe Wertschätzung Tschaikowskys Musik inzwischen genoss, zeigt sich auch daran, dass die vier letzten Bühnenwerke, *Dornröschen*, *Pique Dame*, *Nussknacker* und *Jo-*

lanta, in Wsewoloshskys Auftrag, das heißt als Staatsaufträge entstanden. Hinzu kam, dass Alexander III. sich dessen Anregung folgend entschloss, Tschaikowsky ab Jahresbeginn 1888 eine lebenslange jährliche Pension von 3000 Rubeln zu gewähren. Diese Nachricht erreichte den Komponisten während einer Tournee durch Deutschland per Telegramm. Selbigen Tags vertraute er dem Tagebuch an, dass sich sein Gewissen melde, «so als hätte ich das nicht verdient», und gesteht sich und Bruder Modest ein, dass er «mit unwahrscheinlicher Anstrengung Dankesschreiben» verfasst habe. Der Entschluss zu dieser Geste muss Alexander III. auch deshalb leichtgefallen sein, weil Tschaikowsky mit den Werken zu seiner Krönung und zu nationalen Feierlichkeiten Ergebenheit signalisiert hatte. Gegenüber Nadeshda von Meck legte er im März 1885 ein politisches Bekenntnis ab, das dem Zaren sicher nicht zu Ohren kam, aber seine Entscheidung, den Komponisten lebenslang zu unterstützen, gewiss auch befördert hätte:

> Es gab eine Zeit, in der ich überzeugt war, dass für die Beseitigung von Willkür und die Einführung von Gesetz und Ordnung politische Institutionen in der Art von Parlamenten, Abgeordnetenhäusern usw. notwendig seien, dass man nur etwas derartiges einzurichten brauche – und alles würde schön bei uns werden und alle würden sich glücklich fühlen. Ich bin jetzt zwar noch nicht in das Lager der Ultrakonservativen gewechselt, zweifle aber doch sehr an der unbedingten Nützlichkeit jener Einrichtungen.

Da er in Westeuropa andere Staatsformen und die Unzufriedenheit der Menschen kennengelernt hatte, folgerte er, dass es keine «ideale Regierung» geben könne und das Staatswohl letztlich von der Persönlichkeit abhänge, die an der Spitze steht, und fährt fort:

> Der Menschheit dient der Mensch, aber kein personifiziertes Prinzip. Jetzt fragt es sich: gibt es bei uns einen Menschen, auf den man seine Hoffnung setzen kann? Ich antworte: Ja, und dieser Mensch ist der Kaiser.

Internationale Karriere

Bald nach der Niederlassung in Klin nahm Tschaikowsky eine noch umfangreichere Reisetätigkeit auf als zuvor. Die glanzvolle internationale Karriere, die sich daraus entwickelte, wurde möglich durch die Wechselwirkungen von verlegerischem Engagement, dem Interesse internationaler Interpreten an seinen Werken und Tschaikowskys Bereitschaft, in den Konzertsälen der Welt aufzutreten und die Spielregeln zu respektieren, die für prominente Persönlichkeiten galten. Der Pariser Verleger Félix Mackar schloss 1885 mit Jurgenson einen Vertrag über die Rechte an Tschaikowskys Werken für die Länder Frankreich und Belgien. Die beiden einigten sich auf eine Summe von 20 000 Francs, von denen Jurgenson Tschaikowsky die Hälfte abgab. Wie günstig oder ungünstig dieser Deal auch war, auf seiner Grundlage zirkulierten Tschaikowskys Werke in Konzertsälen, Musikschulen und Haushalten beider Länder und machten ihn, dessen Namen und dessen Musik man schon kannte, zu einem gern gesehenen Gast. Tschaikowsky gewann in Mackar, den er 1886 persönlich aufsuchte, einen Ansprechpartner für seine Angelegenheiten in Frankreich und einen Freund, den er in seinen Briefen mit «mon cher ami» und «tu» anredete. Mackar veranlasste Tschaikowsky auch, der französischen Verwertungsgesellschaft für Musikwerke (SACEM) beizutreten, so dass er aus Aufführungen seiner Werke in Frankreich jährliche Tantiemen bezog. Mit dem Hamburger Verleger Daniel Rahter, der auch ein Petersburger Verlagshaus leitete, schloss Jurgenson 1888 gleichfalls einen Vertrag, nun für die deutschen Länder sowie für Österreich-Ungarn. Die internationale Kooperation zwischen den Verlagshäusern, das heißt, die Vermarktung seiner Werke, ebnete Tschaikowsky den Weg in die internationalen Konzertsäle.

Obwohl er zeitlebens unter Schüchternheit litt, muss die öffentliche Bühne für Tschaikowsky verlockend gewesen sein. «Mut und Lust zum Dirigieren», vertraute er dem Tagebuch Ende 1886 an und vermerkt, dass der Unterricht, den er bei Altani nahm, Früchte trage. Die Premiere der *Pantöffelchen*, der

Neufassung des *Schmied Wakula*, am 19.1.1887 im Moskauer Bolschoj-Theater war zugleich sein Debüt als Dirigent. Er absolvierte es mit Bravour, obwohl er zu Beginn der Vorstellung mehr tot als lebendig gewesen sein muss vor Nervosität, wie er seiner Schwägerin Praskowja Tschaikowskaja, der Frau seines Bruders Anatolij, beichtete. Auch die Premiere seiner nächsten Oper, der *Zauberin*, am 20.10.1887 im Petersburger Mariinsky-Theater dirigierte er selbst. Danach startete er seine erste Europa-Tournee, die ihn nach Leipzig, Hamburg, Magdeburg, Berlin, Prag, Paris, London und Ende April 1888 schließlich zurück nach Klin führte. Er dirigierte eine Auswahl aus seinen Werken, die erste und dritte Suite, die Streicherserenade, die stets besonderen Applaus bekam, das erste Klavierkonzert, das Violinkonzert und kleinere Konzertstücke. Insgesamt verliefen die Tournee und Tschaikowskys Debüt als Dirigent auf internationalem Parkett erfolgreich. Zur Reise gehörte ein festes Programm aus Proben, Konzerten, geschäftlichen Begegnungen, Empfängen, Diners, Festreden, Einladungen, Soupers, «Tschaikowsky-Feiern», bei denen er es sich nicht nehmen ließ, Toasts in Deutsch und Tschechisch auszubringen – kurz ein lärmendes, fremdbestimmtes Leben, das ihm eigentlich widerstrebt haben muss. Andererseits brachten ihm die Gastspiele neue Kontakte und Freundschaften. In Leipzig lernte er Edvard Grieg und dessen Frau kennen. Die drei schlossen Freundschaft, und die beiden Komponisten fanden aufrichtiges Gefallen an den Werken des anderen. Die *Hamlet*-Ouvertüre ist Grieg gewidmet. In Leipzig sind sich auch Tschaikowsky und Brahms erstmals begegnet. Beide waren neugierig auf die Musik des anderen, stellten aber fest, dass es in ihrer Ästhetik keinerlei Gemeinsamkeiten gab.

Tschaikowskys Äußerungen zu Brahms reichen von abfälligen Bemerkungen im Tagebuch – «völlig inhaltsleeres Stroh» – bis hin zu distanziert-respektvollen Würdigungen gegenüber Nadeshda von Meck und vor allem gegenüber Großfürst Konstantin Konstantinowitsch, der Brahms offenbar schätzte. Ihm legte er im Oktober 1888 ausführlich dar, weshalb er Brahms nichts abgewinnen konnte:

> In der Musik dieses Meisters (seine Meisterschaft ist nicht zu leugnen) liegt etwas Trockenes, Kaltes, das mein Herz abstößt. Melodische Erfindung hat er sehr wenig; nie spricht er einen musikalischen Gedanken ganz aus: Kaum erscheint eine Anspielung auf eine genießbare melodische Form. [...] Er neckt gleichsam und reizt das musikalische Gefühl, ist aber nicht gewillt, es zu befriedigen, und schämt sich gewissermaßen, eine Sprache zu sprechen, die zu Herzen geht. [...] Man kann nicht sagen, Brahms' Musik sei schwach und unbedeutend, sein Stil ist stets vornehm; er hascht nie nach äußerlichen Effekten und wird nie banal; alles ist ernst bei ihm, edel, aber die Hauptsache fehlt – die Schönheit.

Diese durchaus zutreffende Charakteristik mit ihren willkürlichen Schlussfolgerungen stellt – ex negativo – Tschaikowskys eigene Ästhetik dar: Seine Musik verkörpert das exakte Gegenteil dessen, was er über Brahms ausführt. Man kann sogar so weit gehen und behaupten, dass die hier genannten Vorzüge Brahms' in der Verkehrung tendenziell Schwächen von Tschaikowskys Musik benennen – er hascht gelegentlich nach äußeren Effekten (das «Scheusälchen» in der ersten Suite) und wird manchmal banal, aber es gibt stets Wärme, gesangliche Melodien, kurz das, was für Tschaikowsky Schönheit ausmacht. Ihre grundsätzliche Differenz hinderte Brahms und Tschaikowsky aber nicht, persönlich freundlich miteinander umzugehen.

In Prag lernten sich Tschaikowsky und Dvořák kennen; ihre ästhetischen Anschauungen harmonierten, und sie schlossen Freundschaft, die auch zum Austausch von Partituren und zu einer von Tschaikowsky imitierten Russland-Tournee Dvořáks im Frühjahr 1890 führte. Der Prag-Aufenthalt Anfang 1888 hatte im Zusammenhang mit dem Panslawismus einen besonderen Charakter. Das Programm war umfangreicher und enthielt die erste ausländische Aufführung der fünften Symphonie und des *Schwanensee* sowie die national-pathetische *Ouvertüre 1812*. Tschaikowsky wurde geradezu frenetisch gefeiert, die Presse war des Lobes voll. Sein Bericht an Nadeshda von Meck schließt mit den besorgten Worten: «Man will dem Konzert den Charakter einer patriotischen und antideutschen Demonstration geben. Das bringt mich einigermaßen in Verlegenheit, weil ich in Deutschland auf das freundlichste empfangen worden bin.» Sein Bruder Modest schätzt den überwältigenden Erfolg in Prag, den «Kulminationspunkt des irdischen Ruhms» sicher richtig ein, wenn er schlussfolgert: «Mögen neun Zehntel der gespendeten Ovationen nicht ihm persönlich, sondern Russland im allgemeinen gegolten haben, so genügte doch schon allein die Tatsache, dass er und kein anderer berufen war, die Sympathien auf sich zu vereinen, welche die Tschechen den Russen entgegenbringen.» Ende des Jahres 1888 reiste Tschaikowsky zur Auslandspremiere des *Eugen Onegin* nach Prag, die er hier am 6. Dezember dirigierte. Dvořák schrieb ihm daraufhin – in deutscher Sprache – einen Dankesbrief.

Von Januar bis April 1889 unternahm Tschaikowsky eine zweite Europa-Tournee, dieses Mal nach Köln, Frankfurt am Main, Dresden, Berlin, Genf, Hamburg, Hannover, weiter nach Paris, London, Marseille und über Konstantinopel und Tiflis zurück nach Russland. Wieder erklangen die internationalen Lieblingswerke – die Streicherserenade, die erste und dritte Suite sowie das erste Klavierkonzert. In Dresden kam die vierte Symphonie hinzu, in Berlin die *Ouvertüre 1812* und die frühen symphonischen Fantasien, in Hamburg die fünfte Symphonie. Im Frühjahr 1891 reiste er noch einmal nach Westeuropa, um sich in Berlin mit dem Verleger Hugo Bock zu treffen. Die zweite Station dieser Reise war Paris, wo er ein großes Konzert mit eigenen Werken dirigierte. Aus einer russischen Zeitung erfuhr er hier vom Tod seiner Schwester Alexandra. Sie war am 28.3.1891 verstorben. Modest hatte ihm ihren Tod verheimlicht, um ihn nicht von der USA-Reise abzubringen, die sich direkt anschließen sollte. Mit der Trauer um die Schwester im Herzen bestieg er in Le Havre den Dampfer *La Bretagne*, der ihn in zehn Tagen über den Atlantik brachte. In den USA erwartete ihn ein volles Programm. Mit dem ersten Konzert in New York wurde die noch nicht ganz fertiggestellte Carnegie Hall am 5.5.1891 eröffnet. Tschaikowsky dirigierte aus diesem feierlichen Anlass den *Krönungsmarsch*, den er für die Thronbesteigung Alexanders III. verfasst hatte. Wieweit damit ein russisch-amerikanischer und royalistisch-demokratischer Brückenschlag beabsichtigt war, ist nicht überliefert. Des Weiteren standen in der Carnegie Hall die beliebte dritte Suite, das erste Klavierkonzert und, vermutlich auf besonderen Wunsch, das *Vater unser* aus den neun geistlichen Chören auf dem Programm. Es folgten Konzerte in Baltimore und Philadelphia, wo Tschaikowsky jeweils die erfolgreiche Streicherserenade und das erste Klavierkonzert dirigierte. Auch touristische Ausflüge nach Buffalo und zu den Niagara-Fällen sowie nach Washington waren eingeplant. Der Dampfer *Fürst Bismarck* brachte ihn Ende Mai 1891 zurück nach Cuxhaven, von wo er per Bahn über Hamburg nach Hause reiste. Ein halbes Jahr später lud ihn der New Yorker Impresario Morris Reno, der die erste USA-Reise organisiert hatte, zu einer zweiten, größeren Tournee ein. Bei der ersten hatte Tschaikowsky vier Konzerte dirigiert und 2500 Dollar erhalten; jetzt schlug man ihm eine dreimonatige Reise mit zwanzig Konzerten und 4000 Dollar Honorar vor. Tschaikowsky empfand das als Kränkung, glaubte, seine Erfolge in den USA falsch eingeschätzt zu haben, und lehnte ab.

Zur Jahreswende 1891/92 machte er sich erneut auf die Reise, zunächst nach Kiew und Warschau, wo er jeweils ein Konzert mit eigenen Werken dirigierte. In Warschau hörte er auch die schon vorher hochgeschätzte *Cavalleria rusticana* von Pietro Mascagni und bat Bruder Modest um ein ähnliches Libretto. Von dort aus reiste er weiter nach Hamburg, wo er die Erstaufführung des *Eugen Onegin* dirigieren wollte. Weil er vor der deutschen Fassung zurückschreckte, übernahm Gustav Mahler, den er schon bei seiner ersten Tournee in Leipzig kennengelernt hatte, die Leitung. Der Hamburger Impresario Bernhard Pollini hatte das in die Wege geleitet und schon vorher die Aufführungsrechte für *Eugen Onegin*, *Pique Dame* und *Dornröschen* für Deutschland und Österreich-Ungarn eingeholt. Im Januar 1893, kurz nach der Petersburger Premiere, brachte Pollini in Hamburg den Einakter *Jolanta* heraus, wieder unter Mahlers Leitung, die Oper wurde dann in Schwerin nachgespielt und im September 1893 noch einmal in Hamburg, wieder unter Mahler. Dazu kam Tschaikowsky wieder nach Hamburg und übernachtete bei Pollini, seinem «bien cher et excellent ami». Dass er keine sechs Wochen später nicht mehr am Leben sein würde, konnte um diese Zeit niemand absehen.

Die letzte offizielle Dienstreise unternahm Tschaikowsky im Juni 1893 nach England, denn die Universität Cambridge hatte beschlossen, ihn und eine Reihe bedeutender europäischer Musiker mit der Ehrendoktorwürde auszuzeichnen. Bei der Zeremonie am 12. und 17.6.1893, in deren Rahmen Tschaikowsky seine bis dahin in England unbekannte *Francesca da Rimini* dirigierte, wurden neben ihm auch Camille Saint-Saëns, Max Bruch, Arrigo Boito und Edvard Grieg, der wegen Krankheit verhindert war, zu Ehrendoktoren promoviert.

Tschaikowskys Lebenssituation

Für die Reisen und Dirigate seiner Werke nahm Tschaikowsky erhebliche Anstrengungen auf sich und investierte Zeit, die ihm für das Komponieren verloren ging. Aus Rouen schrieb er an Bruder Modest, er habe Wsewoloshsky gebeten, *Nussknacker* und *Jolanta* auf die Spielzeit 1892/93 zu verschieben. Seine Reiseverpflichtungen hatten ihn, der stets pünktlich lieferte, derart unter Zeitdruck gesetzt, dass er Aufschub erbitten musste. Tschaikowsky war kein typischer Dirigent, er machte seine Sache zwar gut, quälte sich aber stets mit Nervosität. In Tagebuchaufzeichnungen der späten Reisephasen hält er immer wieder fest, wie unglücklich er sich fühlte. «Halte ich wirklich die vier Monate durch???», heißt es Januar 1888 in Hamburg, «wahnsinniges Heimweh und Tränen» Februar 1889 in Berlin und März 1891 in Paris: «Wahrlich es soll das letzte Mal in meinem Leben sein, dass ich derartige Dinge unternehme, d. h. hin und her fahre und mich dem ausländischen Publikum zeige. Es ist schwer wiederzugeben, welche Qualen ich im Grunde meiner Seele leide und wie tief unglücklich ich bin.»

Warum tat Tschaikowsky sich das an? Trieb ihn der Erfolg, die Anerkennung, der Ruhm, das Geld? Floh er vor sich selbst, hatte er letztlich Angst vor dem Alleinsein? Seit er in Klin sesshaft geworden war und gleichzeitig ein noch ausgiebigeres «Nomadenleben» begann, führte er mit einiger Regelmäßigkeit

Tagebuch. Diese Aufzeichnungen geben Einblick in seine Gefühlswelt, die vielen Unpässlichkeiten bis hin zu hypochondrischen Neigungen, seine Alltagsgewohnheiten bis hin zu übertriebenem Alkoholgenuss, den er sich selbst zum Vorwurf macht. Sie zeugen auch von seiner Frömmigkeit, die ergänzt wird durch die Information seines Bruders Modest, er habe seinen Tageslauf stets mit Bibellektüre begonnen. Zugleich offenbart sich hier eine verschlüsselte Auseinandersetzung mit der Homosexualität, die er als Sünde betrachtete. «Der Herrgott verzeihe mir so abwegige Gefühle» und «Mein Gott, verzeih und bändige mich», lauten zwei Eintragungen von 1884. «Verliebt in W... Zögerte. Die Tugend triumphierte», notiert er im September 1886 und fügt wenig später hinzu: «Mit unwahrscheinlicher Schwermut und Ekel vor mir selbst aufgestanden.» In diesen Jahren entwickelte er zu seinem damals 13-jährigen Neffen Vladimir Dawydow, genannt Bob, eine enge freundschaftliche Beziehung, die offenkundig auch erotisch-schwärmerische Akzente hatte. «Nach dem Mittagessen waren ich und mein herrlicher, unvergleichlicher Bob etwa zwei Stunden lang unzertrennlich», vermerkte er im Sommer 1884. Fünf Jahre später, im Januar 1889, war Vladimir Dawydow Student an der Petersburger Kaiserlichen Rechtsschule. Nach einem Besuch notierte Tschaikowsky: «Tee bei *Bob* (dem hundertfach Göttlichen).» Von da an entspann sich ein regelmäßiger und herzlicher Briefwechsel zwischen beiden, zumal der Neffe auch musikalisch und künstlerisch begabt war. Dem Knaben hatte Tschaikowsky das *Kinderalbum* zugeeignet; dem 21-jährigen Mann widmete er die sechste Symphonie, was auch ein Zeugnis der tiefen seelischen Bindung zwischen beiden sein mag. Tschaikowsky hat seinem Neffen alle Tantiemen aus seinen Werken vererbt. Nach Tschaikowskys Tod beteiligte sich Vladimir am Ausbau des Wohnhauses in Klin zu einem Museum, wo er sich dann im Dezember 1906, 35-jährig, das Leben nahm.

Der schwerste persönliche Schlag traf Tschaikowsky im September 1890. Nadeshda von Meck teilte ihm mit, dass ihre finanzielle Lage es ihr nicht mehr erlaube, ihm die jährliche Apanage zukommen zu lassen. Er reagierte äußerst betroffen, nicht weil das Geld wegfiel – er brauchte den Zuschuss längst nicht mehr –, sondern aus freundschaftlichem Mitgefühl und der Bereitschaft, ihr in der Not helfen zu wollen. Er schrieb ihr einen langen Brief, in dem er seine tief empfundene aufrichtige Dankbarkeit ausdrückte. Der Brief kehrte unbeantwortet zurück. Was Nadeshda von Meck bewogen haben mag, die Freundschaft in dieser Weise aufzukündigen, ist nicht geklärt. Im Nachhinein stellte sich heraus, dass ihre Finanzen keineswegs gefährdet waren, diese Begründung war also ein Vorwand, was Tschaikowsky zutiefst kränkte. Diese Frau war mit den Jahren zu seiner wichtigsten und intimsten Vertrauensperson geworden. Alles, was ihm auf der Seele lag und was ihn künstlerisch bewegte, teilte er mit ihr. Wann immer sie, die begeisterungsfähige Musikliebhaberin, Auskunft über Werke oder Komponisten wünschte, schrieb er ihr ausführlich, was er dazu dachte. Mit diesem Bruch verlor Tschaikowsky nach 14 Jahren seinen «liebsten, teuren Freund». Zwischen fünfzig und sechzig Briefe hatte er ihr jährlich geschrieben. Erst in den späten 1880er Jahren, als seine Konzertreisen häufiger und länger wurden, ging die Korrespondenz von seiner Seite etwas zurück, wofür er sich ihr gegenüber öfter entschuldigte. Denkbar wäre auch, dass Nadeshda von Meck eifersüchtig war auf die Welt, mit der sie ihren Komponisten nun teilen musste.

Die finanzielle Seite war nicht das Problem, im Gegenteil, Tschaikowsky hätte ihr jährlich 6000 Rubel zurückzahlen können, so gut hatten sich seine Finanzen entwickelt. Aus Aufführungen, Notendrucken, Tantiemen, Auftragshonoraren, gelegentlich auch Preisgeldern kamen, seit Tschaikowsky als Dirigent seiner Werke zu reisen begann, jährlich bis zu 20 000 Rubel zusammen. Seine Musik machte ihn zu einem wohlhabenden Mann, aber da er freigiebig und gütig war, reichte das Geld oft nicht. Den Notenstechern in Jurgensons Firma steckte er zum Dank für ihre Arbeit Geld zu – zum Ärger seines Verlegers, weil er damit dessen Tarife durcheinanderbrachte. Im Haus hatte er verschiedenes Personal, das ihn betreute. Bruder Modest stand mit 2000 Rubel pro Jahr auf seiner Gehaltsliste. Ein Grund, sich mit Reisen durch die Welt zu quälen, war sicher auch der, sein Einkommen aufzubessern.

Schaffensphase in Klin

Die knapp drei Jahre zwischen der Niederlassung im Gebiet Klin und dem Beginn der Konzerttourneen nutzte Tschaikowsky für konzentrierte kompositorische Arbeit. Noch während der Neufassung des *Schmied Wakula* als *Pantöffelchen* machte er sich an die nächste Oper, seine neunte. Der russische Titel *Tscharodejka* wird wahlweise mit *Zauberin*, *Bezaubernde* auch *Hexe* übersetzt, denn die weibliche Hauptfigur in der gleichnamigen, damals populären Tragödie von Ippolit Schpashinsky, der seinen Text selbst in ein Libretto umarbeitete, ist die junge Nastassja, eine Schankwirtin, die alle Männer durch ihren außerordentlichen Liebreiz in ihren Bann zieht. Deshalb wird ihr ein unmoralischer Lebenswandel vorgeworfen, sie ist jedoch als reine und noble Gestalt konzipiert. Die Uraufführung am 20.10.1887 in Petersburg war ein Misserfolg. Tschaikowsky aber schätzte die Oper, denn er erblickte in der Wandlung der Hauptfigur eine besondere Qualität, wie er Emilija Pawlowskaja, der Sängerin der Titelpartie, erläuterte. Obwohl Nastassja «ein lüsternes Weib» sei, wohne in der Tiefe ihrer Seele «eine gewisse moralische Kraft und Schönheit», die bis zur Begegnung mit dem Prinzen unentwickelt blieben. «Diese Kraft ist die Liebe.» Vorher war sie «ein sympathisches, reizendes, obwohl verdorbenes Weib», nur darauf aus, «lustig zu leben». Dem Prinzen gelingt es, «die schlummernden besseren Saiten in ihr zu berühren, und – sie ist wie verwandelt.»

Auch hier erweist sich Tschaikowsky als feinsinniger Psychologe. In keiner anderen Interpretation seiner Figuren aber spricht er so deutlich aus, um was es ihm als Opernkomponist ging: die Veranschaulichung edler, unbedingter und moralisch reiner Liebe, die besonderen Figuren eigen ist – bei ihm sind es stets Frauen – und die im Moment ihrer Verwirklichung durch widrige Umstände oder eine feindliche Umwelt zum Scheitern verurteilt ist. Tatjana *(Eugen Onegin)*, Maria *(Mazeppa)* und später Lisa *(Pique Dame)* sind solche Figuren. Im symphonischen Bereich sind das Julia *(Romeo und Julia)*, Francesca *(Francesca da Rimini)* und später Ophelia *(Hamlet-Ouvertüre)*.

Bei Nastassja kommt hinzu, dass hier ein gesellschaftlich nicht tolerierter Lebenswandel und moralisch reine Liebe aufeinanderprallen. Insofern ist sie mit Violetta (*La Traviata*) und Carmen verwandt. In diesem Sinne ähnelt sie auch ihrer Namensschwester Nastassja Baraschkowa in Dostojewskys Roman *Der Idiot* (1868). Zumal in solchen Frauenfiguren erblickte Tschaikowsky offenkundig verwandte Seelen: Sie gaben ihm die Möglichkeit, mit seiner Musik die emotionalen Auswirkungen von Erfahrungen auszudrücken, die er selbst als Außenseiter seit jungen Jahren machen musste.

Nach dem Misserfolg der *Zauberin* nahm Tschaikowsky vom Opernschreiben Abstand und wandte sich symphonischen Werken zu. Parallel zu der Oper entstand die Programm-Symphonie *Manfred* (Op. 58, h-Moll, 1885) nach Byrons gleichnamigem dramatischen Gedicht. Die Idee dazu geht auf den Petersburger Komponistenkreis und bis in die 1860er Jahre zurück. Stassow hatte 1867 ein *Manfred*-Szenarium entworfen und es Balakirew und Berlioz, der damals in Petersburg zu Gast war, zur Bearbeitung vorgeschlagen, die aber beide ablehnten. 1882 kam Balakirew auf das Sujet zurück und schickte Tschaikowsky Stassows aktualisiertes Konzept für eine viersätzige Symphonie, verbunden mit lehrerhaften Empfehlungen für nützliches Studienmaterial nebst konkreten Vorgaben für Tempi und Tonarten. Tschaikowsky antwortete ausweichend, er könne weder Berlioz imitieren noch Schumanns *Manfred* (1852) nacheifern. Als er Ende 1884 im Zusammenhang mit der dortigen Erstaufführung des *Eugen Onegin* in Petersburg zu Gast war, griff Balakirew die Idee wieder auf, und nun versprach Tschaikowsky, sie auszuführen. Während er auf das Libretto zur *Zauberin* wartete, machte er sich an die Skizzierung. Das Werk ist Balakirew gewidmet und wurde am 11.3.1886 in Moskau im Rahmen eines Konzerts zum Andenken an Nikolaj Rubinstein uraufgeführt, der an diesem Tag fünf Jahre zuvor verstorben war.

Auch wenn die große Phase der kontinentalen Byron-Rezeption vergangen war, so ist Manfred doch ein zeitloser Held, der sich wie Faust mit dem Teufel einlässt, aber nicht nachgibt, sondern, wie Don Juan, bereit ist, zur Hölle zu fahren; sein Erkenntnisdrang und sein Außenseitertum sind zudem – anders als bei Faust und Don Juan – mit Weltschmerz gepaart. Ihn quält eine nicht genannte Schuld, die mit dem Tod seiner Geliebten Astarte zusammenhängt, deshalb sucht er Einsamkeit im Hochgebirge. Auch ist sein Herausforderer nicht Mephistopheles, dem Gott übergeordnet ist, sondern Ahriman, im Zoroastrismus das Zerstörerische schlechthin und ohne Verbindung zu einem guten Prinzip. Bei Byron bleibt am Ende offen, ob Manfreds Seele gerettet wird oder nicht. Tschaikowskys Musik jedoch lässt keinen Zweifel an einem glücklichen Ausgang.

Tschaikowskys musikalisches Bezugswerk ist zum einen Berlioz' Symphonie mit Solo-Bratsche *Harold en Italie* (gleichfalls nach Byron), von hier stammen die musikalischen Einsamkeitstopoi und die Idee, ein personengebundenes Motiv in allen Sätzen wiederkehren zu lassen, und zwar (anders als in der *Symphonie fantastique*) unverändert, unabhängig vom Tempo und vom Ausdruckscharakter des jeweiligen Kontexts. Zum anderen steht Liszts *Faust-Symphonie* im Hintergrund, denn von hier stammen die düster-pathetische, zugleich noble Charakteristik des Titelhelden, ein spezifisches «Fluch-Motiv» (aus zwei markanten Akkordschlägen auf betonter Zählzeit) und die Idee einer karikierenden Fuge, die Liszt mit Mephistopheles, Tschaikowsky mit der Ahriman-Figur verbindet. Tschaikowskys erster Satz ist ausdrücklich *lugubre* überschrieben und macht so den von Weltschmerz zerfressenen Manfred sinnfällig. In der Reprise wird das noch deutlicher, wenn Manfreds Thema mit der charakteristischen fallenden Septime in einen Trauermarsch eingebettet wird und nun *con duolo* vorzutragen ist. Der zweite Satz, ein geradtaktiges Scherzo, ist ein Meisterstück filigran-virtuoser Instrumentationskunst. Die Alpenfee, die Manfred hier unter dem Regenbogen eines Wasserfalls erscheint, ist musikalisch eine Schwester der Fee Mab in Berlioz' Dramatischer Symphonie *Romeo und Julia*, auch der Feen-Gestalten aus Mendelssohns Ouvertüre zum *Sommernachtstraum*. Im langsamen Satz, der das friedliche Leben der Bergbewohner darstellen soll, nimmt sich das Manfred-Thema wie ein Fremdkörper aus. Die programmatische Notiz zum Finale lautet: *Der unterirdische*

Palast des Ahriman. Manfred erscheint inmitten eines Bacchanals. Anrufung des Schattens der Astarte. Sie weissagt ihm das Ende seiner irdischen Leiden. Manfreds Tod. Ahrimans Thema, das den Satz eröffnet und später zu einer Fuge verarbeitet wird, verbindet sich mit einem Tanzthema, das durchaus ordinär anmutet. Umso schärfer sticht es vom Manfred-Thema ab, das sich dann wie im Kampf mit dem Ahriman-Thema überlagert. Der Schatten der Astarte ist durch das lyrische Thema aus dem ersten Satz repräsentiert, Manfreds nahender Tod durch die Trauermarsch-Variante seines Themas aus dem ersten Satz. Orgelakkorde und die endgültige Wende nach Dur signalisieren die Errettung von Manfreds Seele.

Dass Tschaikowsky Balakirews Anregung folgte, hat vielleicht auch mit der Herausforderung zu tun, ein literarisches Programm und das Formmodell der viersätzigen Symphonie zusammenzuführen. Die prominenten vorausgehenden Programmsymphonien überschritten dieses Modell entweder durch Fünfsätzigkeit (Beethovens Pastoral-Symphonie und Berlioz' *Symphonie fantastique*) oder durch die Verschränkung mit anderen Gattungen (Berlioz' *Harold en Italie* steht zwischen Symphonie und Konzert, *Romeo und Julia* zwischen Symphonie und Kantate) oder aber durch Dreisätzigkeit und Schlusschöre wie Liszts *Faust-* und *Dante-Symphonie*). Tschaikowskys *Manfred* fügt diesem Ensemble eine reguläre viersätzige Symphonie mit literarischem Programm hinzu.

Die beiden späteren programmatischen Orchesterkompositionen knüpfen an das einsätzige Modell der symphonischen Dichtung an. Die Idee zur Ouvertüre-Fantasie *Hamlet* (Op. 67, f-Moll), die bis 1876 zurückreicht, nahm im Zusammenhang mit einer in Petersburg geplanten *Hamlet*-Inszenierung im Sommer 1888 Gestalt an. Tschaikowskys *Hamlet* ist ein düsterer romantischer Held, ähnlich wie Manfred und konkret verwandt mit Liszts *Hamlet*, was die dunklen, dissonanten Bläserakkorde und die schroffen Kontraste angeht. Als 1891 eine französische Theatertruppe in Petersburg mit *Hamlet* gastierte, erweiterte Tschaikowsky das Orchesterstück zu einer Schauspielmusik.

Das andere programmatische Orchesterstück, die symphonische Ballade *Der Wojewode* (Op. 78, a-Moll, 1890/91), hat weder mit der frühen Oper noch mit dem Melodrama zu Ostrowskys Komödie zu tun, sondern basiert auf Puschkins Übersetzung von Adam Mickiewiczs Dichtung *Der Hinterhalt: eine ukrainische Ballade (Czaty: Ballada ukraińska)*. Nach der Uraufführung, die er selbst dirigierte, war Tschaikowsky derart unzufrieden mit dem Werk, dass er die Partitur zerriss. Alexander Siloti, der das Konzert organisiert hatte, rettete die Stimmen, so dass die Partitur rekonstruiert werden konnte.

Die fünfte Symphonie (Op. 64, e-Moll, 1888) entstand parallel zur *Hamlet*-Ouvertüre und greift die in der vierten erprobte Idee eines Motto-Themas in neuer Perspektive wieder auf. In Tschaikowskys Skizzenbuch gibt es eine Notiz zu einer programmatischen Idee, die sich vermutlich auf die Symphonie bezieht:

> Introduktion. Vollkommene Beugung vor dem Schicksal, oder, was dem gleichkommt, vor dem unerforschlichen Walten der Vorsehung. Allegro I: – (Murren), Zweifel, Klagen, Vorwürfe gegenüber ***
> II. – Soll ich mich den Umarmungen des GLAUBENS hingeben???

Bei der Uraufführung am 5.11.1888 in Petersburg unter Tschaikowsky wurde das Werk vom Publikum begeistert aufgenommen, von der Kritik aber wegen «störender Walzerthemen» und «Effekthascherei» verrissen, was den Komponisten wiederum in Selbstzweifel stürzte, so dass er gegenüber Nadeshda von Meck klagte, die Symphonie wirke «irgendwie zu bunt, unecht und gekünstelt». Die negative Einschätzung zeugt mehr von Tschaikowskys seelischer Situation als vom Wert des Werks, das schon zu seinen Lebzeiten auch international erfolgreich war. Das Motto-Thema, das in der vierten Symphonie nur in den Ecksätzen auftaucht und in seinem Charakter unverändert bleibt, kehrt hier als «Schicksalsthema» in allen vier Sätzen wieder und durchläuft seinerseits einen Prozess, aus dem es verändert hervorgeht. Im ersten Satz dient es formal als langsame Einleitung, die punktierten Rhythmen und die abwärts gerichtete Melodik sind einem Trauermarsch nachempfunden. Im weiteren Satzverlauf spielt es keine Rolle, allerdings erweist sich das Hauptthema als eine Ableitung aus dem Motto. In den langsamen Satz bricht es wie ein störendes Element an zwei Stellen herein und vernichtet damit die lyrische Stimmung, die Solo-Horn und Solo-Oboe zuvor evoziert hatten. Die Instrumentierung des Mottos mit Blechbläsern und die schärfer akzentuierte Rhythmik, die auch in *Manfred* als «Fluch-Motiv» erklingt, weisen es hier als «Fatum», als «verhängnisvolle Macht» aus. Auch im dritten Satz, einer *Valse*, wirkt das Motto wie ein Fremdkörper, obwohl es sich in den Walzerrhythmus einfügt. Im Finale ist es in einen feierlichen Choral in Dur verwandelt, der im Laufe des Satzes immer mächtiger wird und in einer gewaltigen Apotheose – *marziale, energico, con tutta forza, marcatissimo* – im dreifachen Forte des gesamten Orchesters gipfelt.

Dieser affirmative Schluss sperrt sich gegen eine eindeutige Interpretation. Es lässt sich nicht entscheiden, ob die Apotheose als ein Sieg gemeint ist über ein feindliches Schicksal oder ob sie als leere Kulmination musikalischen Lärms, als sinnlose Kraftanstrengung zu verstehen ist, also als ein Scheitern, als endgültige Resignation vor dem «Schicksal».

Die letzten großen Werke

In den fünf Jahren der Reisezeit vollendete Tschaikowsky die vier großen Auftragswerke *Pique Dame*, *Dornröschen*, *Nussknacker* und *Jolanta* sowie die beiden genannten programmatischen Orchesterkompositionen und diverse kleinere Werke, darunter die Sammlung von 18 kleinen Klavierstücken (Op. 72). «Musikalische Pfannkuchen» nannte er das gegenüber Vladimir Dawydow und erwog im Scherz, wenn er im gleichen Tempo weiter produzieren und Jurgenson ihm das alles abkaufen würde, dann könne er im Jahr 36 500 Rubel verdienen – «das wäre nicht übel!»

Die beiden Ballette *Dornröschen* (Op. 66, 1888/89) und *Nussknacker* (Op. 71, 1891/92) basieren auf klassischen Märchen nach jeweils französischen Vorlagen. *Dornröschen*, nach Charles Perraults *La belle au bois dormant*, und *Nussknacker*, nach E. T. A. Hoffmanns *Nussknacker und Mausekönig* in der Adaption von Alexandre Dumas (père) als *Histoire d'un Casse-Noisette*, haben Generationen von Kindern aller Welt an das Tanztheater herangeführt. Einzelne Nummern aus beiden Balletten, insbesondere aus der von Tschaikowsky selbst eingerichteten *Nussknacker*-Suite, haben einen festen Platz in Estradenkonzerten und als Klavierreduktionen in der Hausmusik. Die Idee zu beiden Sujets stammte von Wsewoloshsky, der auch die Libretti einrichtete. Für *Dornröschen*, das ihm gewidmet ist, wünschte er sich eine Inszenierung im Stil der Zeit Ludwigs XIV. und Musik, die «im Geist von Lully, Bach und Rameau» geschrieben sein sollte. Tschaikowsky hat diesen Wunsch nicht erfüllt, sondern seinem eigenen Stil gemäß eine eingängige Musik geschrieben, die Ballettgenre-Szenen (Variationen der sechs Feen im Prolog, das Rosen-Adagio im 1. Akt, die Charaktertänze im 3. Akt) weiten Raum gibt, zugleich aber die dramatischen Aspekte ausgestaltet, indem die Musik der bösen Fee Carabosse an die bedrohlichen Passagen und «Schicksalsthemen» der Symphonik gemahnt. Durch die musikalische Gestaltung dieser Figur, die dem Happy End aus der Ferne zuschaut, legt sich ein kaum merklicher Schatten über das schöne Märchen. *Dornröschen* wurde am 3.1.1890 in Petersburg im Beisein Alexanders III., der sich lobend äußerte, uraufgeführt. Die Choreographie stammte von Petipa.

Für den *Nussknacker*, der am 6.12.1892 zusammen mit der Oper *Jolanta* in Petersburg herauskam und gleichfalls von Alexander III. mit ausdrücklichem Wohlwollen bedacht wurde, arbeitete Tschaikowsky gleichfalls mit Petipa zusammen. Die Choreographie besorgte aber Lew Iwanow; die Kostümentwürfe stammten von Wsewoloshsky selbst. Der Charme dieses Werks beruht nicht nur auf seiner von allen menschlichen Sorgen losgelösten Handlung, sondern auch in seiner einzigartigen Instrumentation, bestehend aus einem großen Symphonieorchester mit zwei Harfen und einem großen Schlagzeugapparat aus drei Pauken, Triangel, Tamburin, Becken, verschiedenen Trommeln, Tamtam, Glockenspiel, Kastagnetten und ein Set von Spielzeuginstrumenten, das zuvor bereits im ersten Akt von

Pique Dame in der Kinderszene eingesetzt worden war. Hinzu kommt die Celesta, die der Pariser Instrumentenbauer Auguste Mustel 1886 entwickelt hatte. Tschaikowsky ist der erste der russischen Komponisten, der dieses Instrument – im *Nussknacker* und in der symphonischen Ballade *Der Wojewode* – verwendete. Er hatte es 1891 in Paris entdeckt, «ein Mittelding zwischen einem Klavier und einem Glockenspiel, mit einem göttlich schönen Klang», und bat Jurgenson, so ein Instrument nach Petersburg schicken zu lassen. Es dürfe aber «niemandem gezeigt werden; ich fürchte nämlich, Rimsky-Korsakow oder Glasunow könnten die Sache wittern und den ungewöhnlichen Effekt vor mir anbringen. Ich erwarte eine kolossale Wirkung von diesem neuen Instrument.»

Ebenfalls von besonderer Wirkung sind die Frauenstimmen-Vokalisen, die den Schneeflockenwalzer begleiten – ein klanglicher Effekt, den um die Jahrhundertwende zahlreiche Komponisten nutzten. Der *Nussknacker* erlangte noch größere internationale Popularität als *Dornröschen*. Einzelne Nummern, etwa der Schneeflockenwalzer, die Divertissements und der Blumenwalzer, sind zu Evergreens geworden.

Jolanta, eine «lyrische Oper in einem Akt», hat sich nicht durchsetzen können. Zugrunde liegt das Drama *König Renés Tochter* des dänischen Schriftstellers Henrik Hertz. Es erzählt die rührselige Geschichte der blinden Königstocher Jolanta, die durch Liebe sehend wird. Das Libretto hat Modest Tschaikowsky eingerichtet.

Pique Dame

Die Idee zu *Pique Dame* geht auch auf Wsewoloshsky zurück. Auf der Suche nach einem Stoff, der die Zustimmung des Zaren finden und beim Publikum Erfolg haben könnte, überprüfte er verschiedene Werke Puschkins auf ihre «politische Korrektheit». *Pique Dame* erfüllte diese Bedingungen. 1888 gewann er Modest Tschaikowsky als Librettisten, und nachdem zwei andere Komponisten ablehnten, übernahm sein Bruder die Vertonung. Der Stoff wurde gegenüber Puschkin grundlegend verändert. Weder seiner ironischen Erzählhaltung und noch seinem prosaischen Schluss – Lisa heiratet einen braven Beamten, Hermann ist in einem Irrenhaus gelandet – konnten die Tschaikowsky-Brüder etwas abgewinnen: Ihre Helden wählen den Freitod. Auch die Figuren wurden neu konzipiert. Die Opern-Lisa ist nicht die arme, gedemütigte Pflegetochter, sondern Enkelin und Erbin der Gräfin, auch ist sie standesgemäß mit dem hinzuerfundenen Fürsten Jelezky verlobt. Der Opern-Hermann bleibt der arme russifizierte Deutsche, der er auch bei Puschkin ist, verzehrt sich hier aber in Liebe zu der ihm unerreichbaren Lisa. Daher fasst er die Hoffnung, durch Kartenspiel zu Geld zu kommen, damit Lisa ihn als reichen Mann erhöre. Aus Puschkins Hermann, für den Lisa nur ein Instrument zur Erfüllung seiner skrupellosen Geldgier ist, wird in der Oper ein innerlich zerrissener, ein labiler, ein scheiternder Mensch, mit dem der Komponist, wie er mehrfach berichtet hat, Mitleid empfand. So verwandeln sich der kalt berechnende Spieler und das rührend naive Mädchen in zwei tragische Figuren, die an der Sehnsucht nach erfüllter Liebe bühnenwirksam zugrunde gehen. Lisa stürzt sich, nachdem sie sich von Hermann endgültig betrogen sieht, in die Newa; Hermann ersticht sich nach verlorenem Kartenspiel noch im Spielsaal und glaubt sich sterbend mit Lisa versöhnt.

Die Gräfin, bei Puschkin eine schrullige Alte und Repräsentantin des vergangenen Jahrhunderts, wird im Libretto zum personifizierten Verhängnis aufgewertet. Sie und Hermann erkennen sich gleich zu Beginn als schicksalhaft für einander bestimmt. Im Finale des ersten Aktes, wenn Hermann in Lisas Gemächer eingedrungen ist, wird deutlich, dass die Gräfin die treibende Kraft ist, die die in Hermann schlummernde Spielsucht weckt und damit die Weichen für ihren eigenen, Lisas und Hermanns Untergang stellt. Daher ist sie die einzige Figur mit einem überaus markanten Motiv, das sich im Vorspiel lautstark in den Blechbläsern manifestiert, im Verlauf der Oper vielfach wiederkehrt, schließlich in der Spielszene zur Karte der Pique Dame als Schreckenszeichen erklingt.

Der musikalische Gegenpol dazu ist eine weit ausgreifende

Kantilene, die mit der Liebe zwischen Hermann und Lisa verknüpft ist und auch dann erklingt, wenn Hermann in der Terrassenszene Liebesgeständnisse von Lisa erpresst, indem er gemäß Regieanweisung «eine Pistole aus seinem Rock» zieht. Natürlich kehrt die Kantilene am Schluss zur Versöhnung im Tode wieder, der so als Liebestod gedeutet wird. Auch das Ambiente ist gegenüber Puschkin geändert: Am Anfang steht hier eine heitere Frühlingsszene mit spielenden Kindern und ihren Gouvernanten im Petersburger Sommergarten, so dass sich ein Bild der Sorglosigkeit als kontrastierender Hintergrund zu Hermanns düsterer Stimmung und insgesamt zum Schicksal der als Spaziergänger eingeführten Hauptpersonen entfaltet. Die Idee der Eröffnung mit Kinderchor mag von Georges Bizets *Carmen* angeregt sein. Einige konkrete Musik-Zitate – die Festpolonaise «Siegeslärm erschalle» (1791) und die als «Bourbonen-Hymne» bekannte Melodie *Vive Henri IV.* (beide im 2. Akt) – verstehen sich als Reverenz an Alexander III.

Ähnlich wie in Meyerbeers *Robert le diable* (1831) und Wagners *Fliegendem Holländer* (1843) fokussiert hier Tomskys Ballade wie ein Brennglas den dramatischen Kern: Sie weckt Neugier für die schauerliche Gräfin und ihr Spielergeheimnis, zugleich wird das markante Motiv der Gräfin mit dem Refrain der drei Karten verknüpft und in der letzten Strophe mit der Drohung gekoppelt: Dem nächsten, der in Liebe entbrannt ist und nach ihnen fragt, bringen die Karten den Tod. Der Karten-Refrain erklingt schon früher und zwar zu Hermanns auf Lisa bezogenen Worten: «Ich kenne ihren Namen nicht.» So legt Tschaikowsky von vornherein nahe, dass Liebessehnsucht und Spielleidenschaft sich bei Hermann in verhängnisvoller Weise überlagern. Die Drohung aus der Ballade wird für Hermann zu einem fatalen Leitspruch, der auch die groteske, bei Puschkin vorgeprägte und in der Oper angedeutete Perspektive mit transportiert, dass Hermann als Liebhaber bei der Gräfin erscheint und dass sie durch ihn einen bizarren Liebestod stirbt.

Als Tanejew 1891 an der Dramaturgie der *Pique Dame* Kritik übte, antwortete Tschaikowsky ihm mit einem grundsätzlichen Bekenntnis, das ihn entweder naiver erscheinen lässt, als er war, oder die Vermutung nahelegt, er wolle oder könne nicht auf intellektueller Ebene Rechenschaft über seine Arbeit ablegen. Eine Oper müsse man so schreiben, «wie Gott es der Seele eingibt [...] mich können nur solche Sujets erwärmen, in denen echte lebendige Menschen handeln, die fühlen wie ich».

Auch wenn es einem Künstler freisteht, sich rückhaltlos mit seinen Figuren zu identifizieren, so erweckt die Oper doch den Eindruck, dass Tschaikowsky gegenüber der moralischen Schwäche seines Hermann blind war. An dem strukturellen Problem, dass die Tragik Hermanns nicht zu überzeugen vermag, setzte die frühe Kritik an. Sein Schicksal ist gemäß der Poetik des Aristoteles nicht tragisch, weil er sich selbst aus niederen Motiven (Spielsucht, Geldgier) in die missliche Situation bringt. Und sein Schicksal ist auch nach christlichen und bürgerlichen Maßstäben nicht tragisch, weil er die Braut eines anderen begehrt. Allerdings geht der Einwand, hier würden Moralvorstellungen verletzt, ins Leere – schließlich macht die Möglichkeit, all das fiktiv auszuleben, was man im «richtigen Leben» nicht darf, die Gattung Oper so beliebt.

Es geht nicht um ein moralisches Problem, sondern um ein ästhetisches: Dass eine Figur wie Hermann und ein Stoff wie dieser nicht zur Tragödie taugen, wusste Puschkin sehr wohl. Dass Tschaikowsky dennoch eine Oper von Weltrang gelungen ist, liegt gerade nicht an seinem Mitgefühl für den nichtswürdigen Hermann, sondern am bühnenwirksamen Zugriff der Szenen, die mit der alten Gräfin zusammenhängen. Tschaikowsky glaubte mit seiner Oper Friedrich Schillers Vorstellung von der «Schaubühne als moralischer Anstalt» zu entsprechen. Zum Glück war er Opernkomponist genug, die Bühnenwirksamkeit dieses Stoffs nicht zu verschenken und auf diese Weise der Oper als dem Ort der großen Effekte, der fiktiven Welt, der Fantastik ihr Recht zu lassen.

Symphonie pathétique – *Tschaikowskys Tod*

Ende 1889 schrieb Tschaikowsky an Großfürst Konstantin Konstantinowitsch, er fühle sich geehrt, dass der Zar geruht habe, sich nach ihm zu erkundigen, und fährt fort: «Ich möchte sehr gern eine grandiose Symphonie schreiben, die so etwas wie der krönende Abschluss meiner schöpferischen Karriere sein soll – und sie dem Zaren widmen.» Möglicherweise bezieht sich die Äußerung auf eine Es-Dur-Symphonie, die Tschaikowsky 1889 zu skizzieren begann und die ihn bis Ende 1892 beschäftigte, dann aber verworfen wurde. In den Skizzen finden sich programmatische Zusätze wie «Warum? Warum? Wozu?», rhythmisch skandiert zu einem möglichen Hauptthema, ferner der Beginn eines erstes Satzes, *Leben*, 1. Thema: *Jugend*, 2. Thema: *Hindernisse, Unsinn* betitelt. In den 1950er Jahren wurde aus dem Material eine vollständige Symphonie rekonstruiert und als Tschaikowskys siebente gezählt.

Die Idee semantischer Konkretisierung findet in der sechsten Symphonie (Op. 74, h-Moll), die ausdrücklich «Programmsymphonie» betitelt sein sollte, eine Fortsetzung. Erste Pläne gehen auf die Reise im Winter 1892/93 zurück; August 1893 war sie abgeschlossen. Das Programm sei «durch und durch subjektiv», schrieb Tschaikowsky an Vladimir Dawydow, «sie in Gedanken komponierend» habe er des Öfteren «bitterlich geweint». Nun sei er «mit Feuereifer» an der Arbeit und bittet den Neffen, Modest nichts zu verraten. Solche Worte lassen vermuten, dass der prekäre psychische Zustand, der Tschaikowsky bei seinen Reisen zunehmend quälte, Niederschlag in dem Werk gefunden hat. Das muss aber nicht heißen, dass die Todesahnungen, die in der Symphonie anklingen, autobiographisch zu verstehen sind, im Gegenteil, die künstlerische Sublimierung der depressiven Stimmung versetzte Tschaikowsky in eine Art Schaffensrausch. «Du glaubst gar nicht», fährt er gegenüber dem Neffen fort, «welche Wonne für mich die Überzeugung ist, dass meine Zeit noch nicht abgelaufen ist und ich noch arbeitsfähig bin. Vielleicht irre ich mich, – doch glaube ich es nicht.» Den Titel «Pathétique», der auf dem Titelblatt vermerkt ist, reklamiert Modest Tschaikowsky für sich. Tatsächlich ist die Stringenz, mit der die gesamte Faktur dieser Symphonie mit außermusikalischen Bedeutungen aufgeladen ist, ein Novum in Tschaikowskys Schaffen. Insofern ist sie grandios, aber nicht mehr für eine Widmung an den Zaren geeignet. Widmungsträger ist Vladimir Dawydow.

Der erste Satz beginnt düster-verhalten mit einem Klagegesang des Fagotts, der in schnellerem Tempo zugleich das Hauptthema liefert. Obwohl die klassischen Proportionen eines Symphonie-Kopfsatzes gewahrt blieben, gelingt es Tschaikowsky hier, ein geradezu erschütterndes Psychogramm zu entwerfen. Das Allegro-Thema wirkt durch seine kurzen, harmonisch offenen Phrasen und die stetige Beschleunigung des Tempos gehetzt. Erst mit der Zurücknahme des Bewegungsimpulses und der Reduktion des Orchestertuttis kommt es zur Ruhe, bis die Bratschen eine aufsteigende Melodie intonieren, die deutlich an das sogenannte «Dresdener Amen» aus Wagners *Parsifal* («Selig im Glauben! Selig in Liebe!») erinnert. Daran schließt sich formal das zweite Thema an, dessen erster Teil an die charakteristische Motivik der Tatjana gemahnt, während ein Dialog zwischen Flöte und Fagott als zweiter Teil den langsamen Satz der fünften Symphonie anklingen lässt. So gestaltet sich der zweite Themenbereich zu einer großen Reminiszenz, zur komponierten Vergangenheit, die im vierfachen Piano buchstäblich verstummt und in die der nächste Abschnitt, formal die Durchführung, als feindliche Gegenwart hereinbricht. Zugrunde liegt das Hauptthema, nun zum *Allegro vivo* noch mehr beschleunigt und zu einem Fugato verarbeitet, so dass der Eindruck von ausweglosem Gehetztsein umso stärker hervortritt. Das Fugato gipfelt in einem scharf konturierten Thema der Blechbläser, ähnlich den «Schicksalsthemen» der vierten und fünften Symphonie, darauf antworten Trompeten und Posaunen ruhig-verhalten mit dem Zitat «Ruhe mit den Heiligen» aus der orthodoxen Totenliturgie. Die Reprise beginnt unmerklich und setzt die Verarbeitung bzw. Auflösung des Hauptthemas weiter fort, bis ein mächtiger Klagegestus im gesamten Orchester und im drei- und vierfachen Forte Einhalt gebietet. Dies ist lediglich eine durch mehrere Oktaven absteigende Skala, die zugleich im Keim das Thema des Finales enthält. Der zweite Themenkomplex ist auf die Tatjana-Motivik verkürzt, so dass er noch mehr als Reminiszenz wirkt. Eine knappe Coda beschließt den Satz.

Statt eines Scherzos lässt Tschaikowsky einen Walzer folgen, notiert im unregelmäßigen 5/4-Takt, der in der russischen Musik seit Glinka eine feste, in der Folklore wurzelnde Tradition hat, der hier aber zur Verfremdung des Tanzcharakters führt. Dass diesem Walzer tatsächlich etwas Zwielichtiges, etwas Irreales anhaftet, bestätigt das Trio, denn hier liegt durchweg ein Orgelpunkt zugrunde, dem sich eine Kantilene, wiederum nicht mehr als ein Stück absteigende Skala und *con dolcezza e flebile* vorzutragen, hinzugesellt. So manifestiert sich die Kehrseite des Gehetztseins, der Eindruck des Nicht-Vorwärtskommens. – Der kühnste und entscheidende Kunstgriff besteht darin, dass Tschaikowsky die Schlusssätze umstellte. Hier prägt der dritte Satz mit seiner davonstürmenden Thematik, die sich zu Marschrhythmen verfestigt und die in einer auftrumpfenden Apotheose gipfelt, den herkömmlichen Charakter eines Finales aus. Solche Affirmation aber, die sich schon in den Finali der vierten und fünften Symphonie als brüchig erwies, hat hier vollends ihre Glaubwürdigkeit verloren. Wenn Tschaikowsky den Strukturen der ersten drei Sätze die Spannung zwischen einer desolaten Gegenwart und einer glücklicheren Vergangenheit einschreibt, so ist mit dem langsamen Finale eine verzweiflungsvolle Gegenwart erreicht. Zusammenhang in traditionellem Sinne will sich nicht einstellen, stattdessen gibt es eine durch zahlreiche Tempowechsel und abrupte dynamische Kontraste zerklüftete Form, die das seelische Befinden eines Lebensüberdrüssigen widerspiegeln mag. Basis ist die schon bekannte absteigende Linie, zu Anfang wie ein Aufschluchzen instrumentiert, dann immer neuen Varianten unterworfen und schließlich nach einem dreimaligen Ausbruch im dreifachen Forte abbrechend. Es folgen ein Schlag des Tamtams (häufig mit Todessymbolik verbunden) und ein Blechbläser-Choral, der auf das Liturgie-Zitat im ersten Satz zurückverweist. Mit der absteigenden Linie verklingt die Symphonie im vierfachen Piano und in tiefster Lage.

Damit formulierte Tschaikowsky das Psychogramm eines desolaten musikalischen Ich und fand eine in der Geschichte der Symphonie einzigartige Lösung für die Finalgestaltung, die seit Beethovens Neunter zum Problem geworden war. Seine Idee ist in einigen Werken mit extremer psychischer Thematik aufgegriffen worden, so unter anderen von Mahler in seiner dritten und neunten Symphonie.

Als die Symphonie schon vollendet war, bat Großfürst Konstantin Konstantinowitsch Tschaikowsky, die Requiem-Dichtung von Alexej Apuchtin, der im August 1893 verstorben war, zu vertonen. Der Komponist lehnte mit dem Hinweis ab, dass die Grundstimmung der Symphonie der eines Requiems sehr nahekomme. Der Todesbezug der Symphonie steht außer Zweifel. In Verbindung mit Äußerungen Tschaikowskys, in denen vom Tod die Rede ist, liegt die Überlegung auf der Hand, er habe sich mit dieser Symphonie selbst ein Requiem geschrieben.

Die Uraufführung fand am 16.10.1893 in Petersburg unter der Leitung des Komponisten statt. Zwei Tage später teilte Tschaikowsky Jurgenson die genaue Titelei mit und konstatierte: «Mit dieser Symphonie geschieht etwas Seltsames! Nicht, dass sie nicht gefallen hätte, aber sie rief einige Verwirrung hervor. Was mich selbst betrifft, so bin ich auf sie mehr stolz als auf irgendein anderes meiner Werke. Aber darüber reden wir bald, denn ich werde am Samstag in Moskau sein.»

Zu dem Gespräch kam es nicht mehr. Am 20.10.1893 speiste er mit Freunden in Leiners Restaurant zu Abend, tags darauf hatte er Bauchschmerzen. Abends wurde Cholera diagnostiziert, dann folgte die übliche Behandlung, die zunächst auch anschlug. Am 22.10. ging es ihm deutlich schlechter. Auch renommierte Spezialisten vermochten nichts mehr auszurichten. Tschaikowsky starb am frühen Morgen des 25.10.1893 in Petersburg. An den folgenden beiden Tagen fanden Totenfeiern und Totengedenken in ganz Russland statt, am 28.10.1893 zelebrierte man den Totengottesdienst in der Kasaner Kathedrale am Newsky-Prospekt. Tschaikowsky wurde auf dem Tichwiner Friedhof des Alexander-Newsky-Klosters in Petersburg begraben.

Bald rankten sich die unterschiedlichsten Legenden um seinen Tod. Er habe willentlich verseuchtes Wasser getrunken, er habe sich das Leben genommen, der Cholera-Tod sei vorgetäuscht worden, um das zu verschleiern, und könne auch deshalb nicht zutreffen, weil nicht die nötigen Hygienemaßnahmen ergriffen worden seien. Alexandra Orlowa trat 1981 mit der These an die Öffentlichkeit, ein Femegericht habe den Komponisten wegen Homosexualität zum Selbstmord verurteilt, er habe seinem Leben mit Gift ein Ende gesetzt, und die Legende vom Cholera-Tod habe Modest Tschaikowsky erfunden, um den Ruf der Familie zu schützen. Inzwischen wurde minutiös nachgewiesen, dass all dies nicht zutrifft. Tschaikowsky infizierte sich zufällig, wurde dann zunächst falsch behandelt, und so nahm das Unheil seinen Lauf.

Aus der Perspektive der Ereignisse erscheint die sechste Symphonie wie eine Botschaft, die den eigenen Tod ankündigt. Sie lädt zu Spekulationen darüber ein, inwieweit ein Kunstwerk den Tod des Künstlers antizipieren kann. Betrachtet man Tschaikowskys kompositorische Aktivitäten im Umfeld der sechsten Symphonie, so weist – ungeachtet aller düsteren Stimmungen – nichts auf einen nahen Tod hin. Die weitgehend gediehene, dann verworfene Es-Dur-Symphonie, ging teilweise in das im Mai 1893 begonnene dritte Klavierkonzert in Es-Dur (Op. 75) ein, von dem der erste Satz vollendet wurde. Den langsamen Satz und das Finale hat Tanejew instrumentiert und als *Andante und Finale* (Op. 79) veröffentlicht. Es ist nicht klar, ob Tschaikowsky den ersten Satz als separates *Allegro de Concert oder Konzertstück* publizieren wollte oder doch an ein vollständiges Klavierkonzert gedacht hatte. Auf den Manuskripten dieser Werkprojekte notierte er etliche kurze Themen, Einfälle während des Kompositionsprozesses, die für spätere Komposition gedacht waren. In seinem Haus in Klin fanden sich nach seinem Tod etliche Ideen und Entwürfe, alle aus dem Jahr 1893, die keinen Zweifel über ungebrochene Schaffenslust zulassen. In den letzten Jahren hatte er die Schriftstellerin Mary Ann Evans (= George Eliot) für sich entdeckt, aus deren Erzählungssammlung *Scenes of Clerical Life* (1857) er die Opernsujets *The*

Sad Fortunes of the Reverend Amos Barton und *Adam Bede* ernsthaft in Erwägung zog. Zu *Mr Gilfil's Love-Story* fanden sich in seinem Nachlass Szenarien-Skizzen zu zwei Akten. Ferner machte er Notizen zu einem Flötenkonzert, das für Paul Taffanel gedacht war. Entwürfe zu einem Cello-Konzert in h-Moll, an denen er parallel zur sechsten Symphonie arbeitete, sind so weit konkretisiert, dass der ukrainisch-amerikanische Cellist Yury Leonovich daraus, mit Rückgriffen auf andere Werke, 2006 ein komplettes Cello-Konzert machte. Diese Aktivitäten und verschiedene weitere Pläne für Konzertreisen legen nahe, dass Tschaikowsky seinen Tod nicht vorsätzlich geplant hatte.

VI. Aspekte der Rezeption

Nach Tschaikowskys Tod begann der Siegeszug seiner Werke um die Welt. Allmählich kristallisierte sich der Kanon heraus, mit dem er bis heute in der Musikwelt präsent ist: *Eugen Onegin*, *Pique Dame*, die drei Ballette, die vierte, fünfte und sechste Symphonie, das erste Klavierkonzert und das Violinkonzert. Das Charakteristische seines Schaffens – die Gesanglichkeit und Emotionalität der Themen, insgesamt das Pathos der musikalischen Sprache, aber auch der gelegentliche national-folkloristische Tonfall –, diese Grundlagen seiner Ästhetik stießen seit Hanslick auf Ablehnung bei jenen, die motivisch-thematische Arbeit und kompositorische Dichte zur Voraussetzung für Qualität erklärten. Aus dieser Perspektive machte es sich zumal die deutsche Musikwissenschaft leicht, Tschaikowskys Musik zu verurteilen. Das allbekannte *Riemann Musiklexikon* konstatiert noch in der elften Auflage (1929) mit durchaus rassistischem Unterton «neben Momenten fast mädchenhafter Zartheit und Sinnigkeit andere von wahrhaft halbasiatischer Rohheit und Brutalität. Trotz solcher russischen Züge stand er jedoch in innerstem Gegensatz zu dem Kreis nationalrussischer Musiker.» Theodor W. Adorno imaginiert im amerikanischen Exil zur «unsäglichen Hornmelodie» im langsamen Satz der fünften Symphonie eine kitschige Hollywood-Szene und spricht in der *Dialektik der Aufklärung* von den «Bestsellern» Tschaikowsky und Dvořák, die die «symphonische Form [...] zum Potpourri von Melodien aufgeweicht» hätten. Dass das aus Beethovens Werken hergeleitete Kriterium der motivisch-thematischen Arbeit zum Maß für kompositorische Qualität erhoben wird, zeigt sich noch im *Neuen Handbuch der Musikwissenschaft*, in dessen Band zum 19. Jahrhundert Carl Dahlhaus für Tschaikowskys vierte Symphonie feststellt, dass ihr Hauptthema, gekennzeichnet durch «drängendes Pathos», «jedenfalls nach Beethovenschem Maß» wenig geeignet sei, «einen symphonischen Satz, der sich über Hunderte von Takten erstreckt, zu konstituieren.»

Das vernichtende Urteil, das zumal die akademische deutsche Musikwissenschaft über Tschaikowsky fällt, wurzelt in einer tiefen Skepsis gegenüber einer Musik, die vor allem «schön» ist, die Emotionalität höher veranschlagt als Komplexität, die daher populär ist und sich quasi wie von selbst zur Untermalung melodramatischer Filme eignet – das Genre, das im frühen 20. Jahrhundert, zunächst noch ohne Tonspur, Musik zu Hilfe nahm, um die Bilder zu beseelen. Das 1927 von Hans Erdmann und Giuseppe Becce veröffentlichte *Allgemeine Handbuch der Film-Musik*, ein Kompendium mit sogenannter Stock Music, stellt einige tausend musikalische Incipits, differenziert nach Szenerien, Stimmungen, Genres und Emotionen bereit, vornehmlich aus Werken von Massenet, Tschaikowsky und Verdi. Das Hornsolo vom Anfang des langsamen Satzes der fünften Symphonie etwa findet sich unter «Lyrische Expression», Unterpunkt «Spannung-Pathetico», Abschnitt «Leidenschaft und Sehnsucht», konkretisiert als «leidenschaftliche Liebessehnsucht mit großer Steigerung». Die langsame Einleitung zum ersten Satz der sechsten Symphonie erscheint unter «Dramatische Expression», Unterpunkt «Spannung-Mysterioso», Abschnitt «Nacht, Grauen», konkretisiert als «Unheilschwangere Nacht». Davon, dass ihre hohe Emotionalität Tschaikowskys Musik für die Verwendung im filmischen Melodram prädestiniert, kündet *The Jazzsinger* (1927), der als der erster Tonfilm gilt, ebenso wie die oscarprämierte Musik zu *Now, Voyager* (1942, deutsch als *Reise aus der Vergangenheit*), in der die nicht erfüllbare Liebe der beiden Protagonisten mithilfe der sechsten Symphonie zum Ausdruck gebracht wird. Tschaikowskys (ebenso auch Rachmaninows) Melos und sein Orchesterklang werden bis in die 1950er Jahre zum Modell für Hollywoods Filmmusik. Dass diese Adaption möglich ist, erklärt sich aus der spezifischen Faktur dieser Musik. Dass sie dies zulässt, macht sie aus der Perspektive eines elitären Musikverständnisses suspekt.

In Tschaikowskys Heimat hatte man nach der Oktoberrevolution eigentlich kein Interesse an dem zarentreuen Komponisten. Zu den Kuriosa der frühen Sowjetzeit gehört die Adaption klassischer Bühnenwerke für revolutionäre Sujets. In dem Rahmen kam man, nachdem Puccinis *Tosca* als *Der Kampf für die Kommune* aufgeführt worden war, auf die letztlich nicht realisierte Idee, das Ballett *Dornröschen* in die *Sonnige Kommune* zu verwandeln. Im Zuge der Entdeckung der eigenen Klassiker unter Stalin rückte Tschaikowsky in den 1930er Jahren in den Status der großen nationalen Künstler auf. Sein 100. Geburtstag 1940 wurde ein Medienereignis ersten Ranges, die Gesamtausgabe seiner Werke wurde inauguriert. Das Moskauer und das Kiewer Konservatorium tragen seitdem seinen Namen. Seit 1958 findet im vierjährigen Turnus der internationale Tschaikowsky-Wettbewerb statt, ausgetragen in den Fächern Klavier, Violine, Cello, später auch Gesang. 1944 erhielt die Skulptorin Vera Muchina, die durch ihre Monumentalplastik *Arbeiter und Kolchosbäuerin* für die Pariser Weltausstellung 1937 berühmt geworden war, den Auftrag, ein bronzenes Denkmal des Komponisten für den Vorplatz des Moskauer Konservatoriums zu schaffen. 1954 wurde es eingeweiht.

Auch der sowjetische Film griff auf Tschaikowskys Musik zurück, suchte hier aber eher die heroische als die sentimentale Perspektive. So erklingt, um nur zwei Beispiele zu nennen, in dem Bürgerkriegsfilm *Tschapajew ist mit uns* (1941) der optimistische dritte Satz der sechsten Symphonie als Hintergrundmusik zu Vorkriegsmanövern der Roten Armee. Gleichfalls heroisch-patriotischer Untermalung dienen verschiedene Auszüge aus Tschaikowskys Werken in dem Film *Der dritte Schlag* (1948), der dem Strategen Stalin huldigt.

Tschaikowskys nicht gewöhnlicher Lebenslauf war schon früh Gegenstand filmischer Darstellung. Das Spektrum reicht von der deutschen Seifenoper *Es war eine rauschende Ballnacht*, die 1939 wenige Tage vor der Unterzeichnung des deutsch-sowjetischen Nichtangriffspakts in die Kinos kam, über Igor Talkins Biopic *Tschaikowsky* (UdSSR 1969), das 1972 für den Oscar als bester fremdsprachiger Film nominiert wurde, bis hin zu Ken Russells bunt-exzentrischem *Tschaikowsky – Genie und Wahnsinn* (GB 1970, Originaltitel *The Music Lovers*), zu Michael Whitemans *Tchaikovsky: The tragic life of a musical genius* (USA 2008), der die Musik durch die Vita des Komponisten deutet, und bis zu Philipp Degtjarjews Nachzeichnung der letzten Lebensphase des Komponisten als *Das Geheimnis Tschaikowskys* (RUS 2011).

Der 175. Geburtstag des Komponisten im Jahr 2015 wird in Russland offiziell gefeiert. Schon 2012 hatte Präsident Putin einen entsprechenden Ukas erlassen und damit die herausragende nationale Bedeutung Tschaikowskys an offizieller Stelle verankert. Seit dem laufen Vorbereitungen, die auch darauf zielen, das Bild des Komponisten von der Inanspruchnahme durch die internationale Homosexuellen-Szene zu befreien. Tatsächlich hat diese Szene Tschaikowsky zu einer ihrer Ikonen erkoren, was etwa mit Klaus Manns *Symphonie pathétique: ein Tschaikowsky-Roman* (1935) begann. Heute künden davon nicht nur zahllose Internet-Beiträge, auch Künstler inszenieren ihre Homosexualität unter Bezugnahme auf Tschaikowsky, wie etwa der amerikanische Organist Cameron Carpenter, ein herausragender Virtuose, der gezielt das Crossover von elitärer und populärer Musik verwirklicht, oder auch der Tänzer Vladimir Malkhov, der sich als Intendant des Berliner Staatsballetts 2014 mit einem *Tschaikowsky* betitelten Bühnenwerk verabschiedete, in dem er selbst die Hauptfigur tanzte. Durchaus auch als Antwort auf das russische Tschaikowsky-Jahr beauftragte der Sender ARTE den Regisseur Ralf Pleger mit der Dokumentation *Die Akte Tschaikowsky*, die im Sommer 2015 gezeigt wurde, das Thema Homosexualität ins Zentrum rückt und den Komponisten für entsprechende Spielszenen ins Berlin der Gegenwart verpflanzt.

Jubiläen und runde Geburtstage führen stets dazu, dass die Gefeierten für die jeweils aktuellen Ideologien instrumentalisiert werden. Was Tschaikowsky betrifft, kulminiert im Jubiläumsjahr 2015 die Inanspruchnahme des Komponisten für weltanschauliche Positionen, die weder mit seiner Musik noch mit seiner Person ernsthaft zu tun haben. Umso notwendiger ist ein Blick zurück auf die Persönlichkeit, die ungeachtet des psychischen Drucks, der auf ihr lastete, humorvoll und geistreich war, vor allem aber ein Blick zurück auf Tschaikowskys Musik, in der es neben den populären Stücken eine reiche Welt zu entdecken gibt.

Bibliographie

Brown, David: *Tchaikovsky. The Man and His Music*, London 2006
Čajkovskij, Petr Il'ič: Sämtliche Werke, Bde. 63, Moskau – Leningrad 1940–1990
Čajkovskij, Petr Il'ič: Sämtliche Werke. Literarische Werke und Briefwechsel (russisch), 17 Bde., Moskau 1953–1981
Čajkovskij, Petr Il'ič: New Edition of the Complete Works, hrsg. in Verbindung mit der Čajkovskij-Gesellschaft, Klin-Tübingen, dem Čajkovskij-Museum Klin und dem Russischen Staatlichen Institut für Kunstwissenschaft, Mainz – Moskau seit 1993
Čajkovskij-Studien, hrsg. von der Tschaikowsky-Gesellschaft, Tübingen 1993 ff. (bis 2015 16 Bde.; http://www.tschaikowsky-gesellschaft.de/studien.htm)
Floros, Constantin: *Peter Tschaikowsky*, Reinbek 2006
Garden, Edward: *Tschaikowsky. Leben und Werk*, Stuttgart 1986
Kaškin, Nikolaj: *Meine Erinnerungen an Peter Tschaikowski*, hrsg. von Ernst Kuhn, deutsch von Bärbel Bruder, Berlin 1992
Kearney, Leslie (Hrsg.): *Tchaikovsky and his World*, Princeton 1998
Korff, Malte: *Tschaikowsky. Leben und Werk*, München 2014
Kuhn, Ernst (Hrsg.): *Tschaikowsky aus der Nähe. Kritische Würdigungen und Erinnerungen von Zeitgenossen*, Berlin 1994 (= musik konkret 7)
Orlova, Aleksandra: Tchaikovsky: The Last Chapter, in: *Music & Letters 62* (1981), S. 125–145 [hier findet sich die Legende vom Femegericht]
Poznansky, Alexander: *Tchaikovsky. The Quest for the Inner Man*, New York 1991
Poznansky, Alexander: *Tschaikowskys Tod. Geschichte und Revision einer Legende*, Zürich – Mainz 1998
Poznansky, Alexander/Langston, Brett (Hrsg.): *The Tchaikovsky Handbook*, 2 Bde., Bloomington 2002 (online als http://en.tchaikovsky-research.net/pages/Main_Page)
Ritzarev, Marina: *Tchaikovsky's Pathétique and Russian Culture*, Ashgate 2014
Schroeder, David Peter: *Experiencing Tchaikovsky. A Listener's Companion*, Lanham (MD) 2015
Taruskin, Richard: Pathetic Symphonist: Chaikovsky, Russia, Sexuality, and the Study of Music, in ders.: *On Russian Music*, Berkeley 2009, S. 76–104
Tschaikowsky, Modest: *Das Leben Peter Iljitsch Tschaikowskys*, deutsch von Paul Juon Moskau – Leipzig bei P. Jurgenson 1900–1903, kommentierte Neuausgabe hrsg. von Alexander Erhard/Thomas Kohlhase, Mainz etc. 2011 (= Čajkovskij-Studien Bd. 13/I und 13/II)
Wiley, Roland John: *Tchaikovsky*, Oxford 2009
Zajaczkowski, Henry: *An Introduction to Tchaikovsky's Operas*, Westport (CT) 2005

Personenregister